준비하는 자만이
미래를 설계할 수 있다!

사람은 누구나 성공을 꿈꾼다.

그렇다면 우리의 삶 속에서 성공이란 무엇인가?

꿈이 아닌 현실에서 얻을 수 있는 모든 것,

돈, 권력, 지위, 명예, 이 모든 것이 성공이다.

성공이란 오직 내가 이뤄내는 것이며,

오로지 긍정적인 사고만이 나를 성공으로 이끈다.

성공의 출발은 '결단력' 이다.

변화하는 현실 속에서 시야를 넓혀라.

바꾸기 어렵다고 생각하는 것도 받아들여라.

그런 다음 자신이 제어할 수 있는 한 가지부터 바꾸면 된다.

성공의 주체는 나 자신임을 기억하라.

사람들이 관심 갖지 않았던 변화의 이면을 새롭게 조명할

주인공이 되어보자.

"미래지향적인 삶을 위하여"

님께

_____

드림

_____

연락처 : _____

4차 산업혁명 시대에 돈을 버는

5G 비즈니스

최병진 지음 **김수광** 감수

모아북스
MOABOOKS

기회를 선점하라

우리가 사는 이 세상은 빠르게 변하고 있습니다. 눈 깜짝할 사이에 보다 빠르고, 보다 편한 제품이 나와 시장을 선점하고 있습니다. 어느 시대에서나 변화의 물결은 있었지만, 요즘처럼 빠르게 다가오는 4차 산업혁명은 마치 쓰나미와 같이 정치, 산업, 경제, 교육, 통신, 문화, 환경 등 모든 분야에서 모든 것을 휩쓸고 있다.

산업발전 양상에 따라 인류는 점점 육체적 노동에서 벗어났으며, 대량 생산이 가능해졌습니다. 철도와 선박, 항공 등 빠른 이동수단으로 지구촌이 하나로 묶였습니다. 사회적으로 도시가 발달하고, 교육이 공고해졌으며, 정치적으로 민주주의가 발달했습니다.

수많은 사람이 통신으로 수평관계를 이뤘습니다. 눈부신 발전

뒤에 환경오염이라는 재앙도 불러왔습니다. 이러한 변화의 시점에 잘 적응하여 시대를 앞서는 사람은 성공할 수밖에 없습니다.

그러나 아무리 세상이 바뀌어도 변하지 않는 가치는 있습니다. 수많은 변화 속에서 미래를 정확하게 예측할 수는 없지만, 실패와 좌절을 경험하더라도 좌절하지 않고 앞을 향해 꾸준히 나아간다면 인생을 새롭게 변화시킬 수 있습니다.

> "변화를 거부하고 받아들이지 않으며, 현실에 안주하여 부정적이며 불만 불평에 가득 찬 사람이 많습니다. 그러나 변화를 두려워하여 현실의 창에 갇힌 채 변화를 보지 못하는 사람에게 미래는 없습니다!"

스펜서 존슨의 《누가 내 치즈를 옮겼을까》에서는 짧은 이야기를 통해 변화에 대한 심오한 진리를 깨닫게 해줍니다. 필자 역시 이 책을 인생의 과도기 때 접한 것에 감사했던 적이 있습니다.

누구나 변화를 두려워합니다. 현실에 안주하는 것이 안정적인 것만 같고 오히려 변화는 무모한 선택인 것 같지만, 살다보면 변화하여 극복해야 할 때가 있습니다. 그때 현명하게 대처하며 용감하게 나아가야 비로소 한 단계 발전할 수 있습니다.

위 책은 "현실에 안주하여 옛것을 버리지 못하면 실패할 뿐이다, 변화에 빠르게 대처하라"라는 교훈을 줍니다. 세상은 절대로 멈춰 있지 않으며 시간이 흐르면서 진화하고 발전해갑니다. 그 흐름에 맞춰가지 못하면 결국 과거에 대한 집착과 후회로 실패를 거듭하며 인생에서 성공을 맛보지 못하게 됩니다. 변화에 빠르게 대처하는 것만이 성공의 지름길이자, 노하우입니다.

우리나라는 초고령화 시대에 접어들었고 2030년이면 기대수명이 130세라고 합니다. 수백 개의 일자리가 사라지고 수백 개의 새로운 일자리가 생성되겠지만, 그때 되어서 새 직업 전선에 뛰어들기엔 이미 늦을지도 모릅니다. 빈부의 격차는 점점 더 벌어질 것입니다. 돈이 많은 사람은 돈이 돈을 벌어다 줄 것이고, 미래가 불확실한 사람은 더욱 불확실해져만 갈 것입니다.

새로운 길을 찾는다는 것은 두렵고 걱정이 앞서는 일입니다. 그러나 그렇게 찾은 치즈는 달콤합니다. 어쩌면 마지막이 될 수도 있는 황금 같은 기회가 또 지나가 버려서 후회하기 전에 꼭 붙잡으라고, 이 책에서 얘기하고자 합니다. 이 책을 통해 새로운 치즈 창고를 찾아 엄청난 부를 이룰 방법을 살펴보고자 합니다.

이 책은 처음부터 읽어나가길 권합니다. 전반부에는 시대의 흐름과 4차 산업혁명으로 되기까지 과거와 현재를 되짚어보고 미래를 대비해 어떤 전략을 세우는 것이 좋을지 서술했습니다.

중반부에는 블록체인과 암호화폐와 같은 디지털 기술에 관한 미래 정보를 다루었습니다. 전문적인 용어를 배제하고 이해하기 쉽게 서술했으므로 가벼운 마음으로 읽으며 미래 전략을 머릿속으로 쉽게 구상할 수 있도록 했습니다.

누구나 부자가 되고 싶어합니다. 그 마음에 깊이 공감하며 열심히 사는 이 땅의 모든 사람들에게 최고의 기회가 될 정보를 제시하고자 합니다. 어떤 전략과 생각을 기반으로 해야 크고 신선한 나만의 치즈를 찾을 수 있을지 이제 함께 고민하며 알아봅시다.

최병진

| concents |

Part **1**

4차 산업혁명 시대
현재와 미래

01

직업은 끊임없이 생겨나고 있다

세상은 지금 엄청난 속도로 변하고 있습니다. 인공지능, 머신러닝, 가상현실, 사물인터넷, 증강현실, 3D 프린팅과 코딩, 생명과학과 테크놀로지의 융합 등 이미 우리는 4차 산업혁명의 중심에 서 있습니다. 4차 산업혁명은 산업 전반에 걸쳐 급속히 진행되고 있으며 예측하기 어려운 형태로 우리의 삶을 변화시키고 있습니다.

시대가 변함에 따라 부자에 대한 판단하는 기준도 달라지고 있습니다. 착하고 성실하게 열심히 산다고 해서 부자가 되지 않습니다. 남들과 차별화가 될 수 있도록 '어디에 어떻게 집중하느냐' 가 관건입니다. 성실보다는 능력이 중요합니다.

'대학이 사람을 평가하는 데 보편적인 기준인가' 에 대해 의문을 제기하는 사람들이 늘어났습니다. 현행 대학의 입시 제도처럼 단순히 객관식 위주의 시험을 대비하는 교육으로는 4차 산업혁명을 주도할 인재를 배출할 수가 없습니다. 스마트폰과 4차 산업혁명의 바람이 불면서 좋은 대학에 나오지 않아도 스타트업을 만들어내는 사례가 많습니다. 오히려 학력과 간판을 버렸을 때 세계를 움직여 성공과 부를 거머쥔 사람들이 많습니다.

애플, 페이스북, 구글, 아마존 등과 같은 강력한 디지털 공룡 기업들은 한때 스타트업에 불과했습니다. 애플의 창업자 스티브 잡스, 페이스북의 창업자 마크 저커버그, 마이크로소프트 창업자 빌 게이츠의 공통점은 무엇일까요?

모두 고졸자로 성공에는 대학 간판이 필요 없다는 것을 증명해 냈습니다. 우리나라만 해도 한때 고졸은 자격 미달로 치부되었고 대학 졸업장만이 성공의 가도를 향한 정석이었습니다. 그러나 대학 간판이 곧 취업이자 성공이라는 공식은 이미 깨진 지 오래입니다. 이처럼 기존의 세상에서 만든 틀대로 살지 않고 자신의 꿈을 좇아 역경을 이겨내고 성공한 사람들이 많습니다.

그들에게는 어떤 공통점이 있을까요?

바로 도전 정신과 자존감과 공감 능력이 투철하다는 것입니다. 새로운 분야여도 자신이 선택한 길을 끝까지 가는 도전 정신과 남이 뭐라고 해도 주눅 들지 않는 자존감이 높으며, 시대의 흐름에 따르고 아픔에 공감하는 능력이 뛰어났습니다. 그들은 사회가 어떤 평가를 해도 굴하지 않고 스스로 삶을 개척해 나갔습니다.

우리가 깨닫지 못하는 사이 '평생 직장의 시대'가 끝나가고 있습니다. 정년 60세는 평균 수명이 채 70세가 되지 않았을 때 만들어진 제도입니다. 그러나 지금은 100세 시대입니다. 아무리 일할 수 있는 능력이 있어도 60세면 직장에서 눈칫밥이 보이고 은퇴해야 합니다. 은퇴하고 나서도 30년 이상은 살아야 하는데 무엇을 하며 살아야 할까요? 대안이 있습니까?

4차 산업혁명 시대를 준비한다는 것은 기존 교육 및 사회 시스템에서는 어렵습니다. 이미 인간의 두뇌를 컴퓨터가 대체하는 인공지능의 시대가 열렸습니다. 암기력과 수학능력이 아무리 뛰어나도 컴퓨터보다 빠르고 정확하게 해결할 수 없습니다.

요즘 어린아이들은 말보다 스마트폰을 먼저 익힌다고 합니다. 암기나 획일적인 교육 방식을 평가 기준으로 삼는다면 시대의 흐름에서 도태될 수밖에 없습니다. 새로운 시대에서 기존의 평가 방법은 점차 사라질 것입니다. 이제 차원이 다른 평가 기준이 필요합니다.

기성 세대는 더 이상 아이들에게 어떤 직업으로 어떤 삶을 살아갈지 예측할 수 없게 되었습니다. 언제 어디서나 손 안의 스마트폰으로 인터넷을 할 수 있는 세상이 오리라고는 아무도 꿈도 꾸지 못했습니다. 시대에 따라 다양한 직업이 생겼다가 사라지곤 합니다. 증기 기관차의 발명으로 인력거꾼과 마부가 사라지고,

디지털카메라의 등장으로 필름카메라 관련 사업이 사양길로 접어들었습니다.

인공지능의 발달로 기계가 자동화가 되면서 모든 공장이 알아서 효율적으로 생산에서 포장까지 해냅니다. 사물인터넷의 발달로 모든 물건이 인터넷으로 연결되어 간편히 조작할 수 있으며, 엄청난 데이터가 모여 빅데이터를 만들어내면서 빠르게 정보를 제공합니다. 가상현실과 현실세계, 증강현실이 하나로 연결되어 실재화가 되는 세계, 로봇이 인간의 일을 대체하고 플랫폼 기반으로 공유 경제가 실현되는 세계가 눈앞에 다가왔습니다. 이런 기술이 실제로 이루어지지 않으리라고 생각하는 사람은 아무도 없습니다. 기술은 더욱 발전할 것이며, 더 완벽해질 시기가 언제일 것인가에 대한 의견만 분분할 뿐입니다.

미래를 정확히 예측하여 적성에 맞는 직업을 선택하여 준비하면 좋겠지만, 어떤 직업이 주목받을지 예측하기는 매우 어렵습니다. 인공지능, 공유 경제, 무인자동차, 핀테크, 웨어러블 디바이스, 사물인터넷, 빅데이터, 블록체인, 생명공학, 나노기술, 스마트폰 등으로 대표되는 이 시대에 우리는 앞으로 무엇을 어떻게 준비해야 할까요?

다행히 답은 있습니다. 미래를 예측하려면 현재를 제대로 아는 것이 중요합니다. 미래 산업은 이미 존재하는 것을 기반으로 발전하고 변형하여 혁신하는 경향이 있습니다. 2017년 기준 워크넷에 등록된 직업의 수만 해도 15,936개라고 합니다. 그러나 사실 일반인이 아는 직업군은 많지 않습니다. 어떤 직업을 알고 있는지 나열해보라고 하면, 보통 20가지 내외라고 합니다.

4차 산업혁명으로 시대가 변하면서 새로 생긴 직업은 수없이 많지만 몇 개만 소개하면, 다음과 같습니다.

▶ 인공지능 전문가: 기존의 지식을 기계가 배우도록 한 뒤 사람 대신 일하게 하거나 여러 지식을 바탕으로 새로운 지식을 발견하게 함. 로봇이 사람의 말을 이해하고 상황에 맞는 답을 하도록 자연어 대화 처리 기술을 개발함.

▶ 개인미니어 콘텐츠 크리에이터: 유튜브 등의 미디어 플랫폼 서비스에 콘텐츠를 제작해서 올려서 수익을 내는 사람으로, 자료 수집부터 영상 및 음향 촬영과 편집을 함. 창의적이고 동영상 제작에 대한 기술이 필요함.

▶ 빅데이터 전문가: 빅데이터를 분석해 정보의 숨은 의미를 찾고, 분석한 데이터 자원을 모아 프로그램을 만들고 통계학적으로 분석함.

▶ 가상현실 개발자: 사용자가 바라는 가상의 세계가 무엇인지 면밀히 파악하여 디자인함. 컴퓨터 그래픽으로 배경과 구성 요소를 3차원으로 프로그래

밍하여 소리와 동작 효과를 넣어 완성함.

▶ 정보 보안 전문가: 백신 프로그램을 개발하고, 바이러스에 감염된 데이터를 복구하는 일을 함.

▶ 스마트 도시 전문가: IT를 바탕으로 정보를 모으고 자원을 효율적으로 이용하는 스마트 도시를 계획함. 인공지능 기술로 도시의 문제를 알아내고 해결책을 마련함.

과거에는 상상도 할 수 없던 분야가 직업이 되었으며, 사람의 특성에 맞게 직업을 선택해야 장기적으로 일할 수 있고 관련 분야로까지 확장할 수 있습니다.

앞으로 한 가지 직업으로는 평생 살아갈 수 없게 됩니다. 평균수명이 늘어남에 따라 30년은 자신에게 맞는 직업을 찾기 위해 준비하고, 60년은 자신에게 맞고 즐거운 일을 하면서 살아가는 인생이 되어야 합니다.

02

돈을 버는 시스템도 바뀌고 있다

'N포 세대'를 아십니까?

경제적 및 사회적 어려움과 일자리 부족 등의 문제로 청년들이 연애, 결혼, 출산을 포기했다는 의미에서 3포 세대, 여기에 더하여 꿈과 희망, 삶의 가치 등 수많은 것을 포기했다는 의미에서 N포 세대가 생겨났습니다. 암울한 시대상을 반영하는 신조어라고 할 수 있습니다.

또한, 학교를 졸업하여 성인이 된 후에도 부모에게서 독립하지 못하고 의존하여 살아가는 청년도 많아졌습니다. 이런 현상은 미국, 유럽, 일본과 같은 선진국에서도 벌어지고 있습니다. 사회구조 문제로 좋은 일자리가 부족해지면서 독립 시기가 늦어지고 있습니다. 그러나 직업을 얻지 못하면 소득이 없으므로 재산을 축적할 수가 없습니다. 따라서 결혼과 출산을 할 수 없게 되어 이는 개인의 문제에서 끝나는 것이 아니라 사회문제로 떠올라 사회적으로도 매우 중요한 문제가 되었습니다.

직업이란, 살아가는 데 필요한 돈을 벌기 위해 자신의 적성과 능력에 따라 어떤 일에 일정 기간 이상 종사하는 것입니다. 직업이 필요한 이유는 다양합니다. 돈을 벌어 생활 및 생계를 유지해야 하고, 본인의 적성과 능력을 발휘하여 자아실현을 이루는 기회의 장이 되기도 합니다.

현재 많은 사람이 일반적인 방법으로 돈을 벌고 있습니다. 그리고 성공에 이르기도 합니다. 예를 들어, 빵 가게 주인은 빵 만드는 제과 제빵 기술을 이용하여 빵을 팝니다. 빵이 맛있고 모양도 특별하고 이쁠수록 단골이 늘고 입소문이 나서 대박이 나서 방송에도 출연하게 됩니다. 전국적으로 유명해져서 프랜차이즈가 구축되어 우리나라의 대표 빵집 브랜드가 됩니다. 이제 빵 가게 주인은 단순히 자신의 기술과 노동력을 이용하는 사람이 아닙니다. 전문지식과 기술을 이용하면서 성공한 사람이 된 것입니다.

그러나 이렇게 성공하는 사람은 일부에 불과합니다. 그리고 4차 산업혁명 시대에는 이런 전통적인 방식이 아니라 다른 형태로 수익을 창출하는 방법이 생겨나고 있습니다.

예를 들어, 비영리단체나 시민단체는 영리를 목적으로 활동하지 않습니다. 사회공헌 활동이나 인권 보호를 위해 적극적으로 활동하는데, 다수의 시민을 위해 활동하고, 시민도 자발적으로 참여할 수 있습니다. 그들은 열심히 활동한 결과를 주변과 언론에 홍보합니다. 이 결과 보고서를 보고 동참하고 싶은 시민이 자발적으로 후원하거나 유료 회원으로 가입하면서 수익이 창출되는 구조입니다.

이러한 언론이나 시민사회 단체의 역할은 크게 바뀔 전망입니다. 시민사회단체는 '길드' 처럼 특정 테마를 중심으로 뭉치거나 지역의 특색을 갖춘 맞춤형 조직으로 발전해서 회원들의 후원을 받으며 생존해나갈 것입니다.

요즘 기업도 영리만 추구하지 않습니다. 사회적 기업가가 설립한 기업은 사회문제를 해결하고 혜택을 제공하는 것을 이익보다 우선시한다는 점에서 일반 기업과 다릅니다. 특히, 창의성을 기반으로 취약 계층에게 사회 서비스나 일자리를 제공합니다. 이로 인해 빈곤과 불평등, 환경 파괴, 교육 격차를 해소하면서 지속적으로 수익을 창출하는 것을 목표로 합니다.

대표적인 소셜 벤처로는 미국의 딜라이트, 영국의 베어윈드 에너지 협동조합, 그리고 우리나라에는 성수동 소셜 벤처와 아름다운 가게, 한살림 등이 있습니다. 딜라이트는 석유 기반의 조명보다 더 값싸고 안전하고 밝은 발광 다이오드 기술을 활용하여 저렴하고 안전한 조명을 개발하여 전기가 들어오지 않는 농촌 지역에 보급할 계획을 세우고 있습니다. 딜라이트가 개발한 전등기구는 비용 절감, 화재 예방, 건강 증진, 생산성 향상, 교육 집중도 향상 등의 특징이 있습니다.

영국의 베어윈드 에너지 협동조합은 지역사회에 수익을 환원할 목적으로 연간 약 90만 파운드 정도를 지역사회에서 생산된 물품을 구매하고 있으며 재단을 수립해 이윤 중 일정 부분을 지역사회의 에너지 절약과 에너지 교육에 사용하고 있습니다.

서울의 아름다운 가게는 물건의 재사용과 순환을 통해 사회의 생태적, 친환경적 문제를 해결하고 국내외 소외계층 및 공익 활동을 지원하는 사회적 기업입니다. 한살림은 친환경 채소, 과일, 고기 등과 같은 먹거리와 친환경 제품을 제공하고 관심 있는 소비자는 회원가입을 하여 물건 값을 부담하면서 규모가 점점 커지고 있습니다. 성수동의 소셜 벤처밸리에도 다양한 분야의 사회적 기업이 많습니다.

이처럼 이제는 수익 창출뿐 아니라 사회적 공헌 및 의미가 있는 일을 함께 추구하는 기업이 많아지고 있습니다. 이러한 형태는 더욱 다양해질 것입니다. 단지 상품만 파는 것이 아니라 '가치'를 추구하는 기업이 많아질 것입니다. 4차 산업혁명과 함께 성장해나갈 기업은 바로 이러한 사회적 기업이 될 것이며 현재보다 더 많이 늘어날 전망입니다.

그렇다면, 사라질 직업에는 어떤 분야가 있을까요? 과거에 사라졌고 앞으로도 사라질 직업은 어느 정도 예측이 가능합니다. 바로 사교육 시장입니다. 심지어 공교육도 위험한 상황입니다. 현재 상당수의 학교가 사라져가고 있습니다. 심각한 저출산 문제로 시골에는 아이가 없어 폐교되는 초등학교가 상당하며 지방에서도 중·고등학교가 학생이 없어 문을 닫고 있습니다. 대학은 더 빨리 구조 조정될 수 있습니다.

아이들이 줄면서 대학 이름으로 자신의 미래가 결정되는 시대도 끝나고 있습니다. 고등학교 3년을 잘 못 보낸 죄로 사회생활 수십 년을 뒤처져 살아야 하고, 대학교 선택을 잘했다고 남보다 더 대우받으며 사는 현실에서 벗어나 이제는 대학 졸업장이 우리 삶을 보장해주지 못한다는 사실을 서서히 인식하게 된 것입니다.

졸업만 하면 취업문이 활짝 열릴 줄 알았지만, 막상 졸업하니 또 다른 높은 장벽이 눈앞을 막고 있습니다. 취업을 위한 대학은 의사, 변호사와 같이 관련 대학을 졸업하고 시험을 통과하면 평생직장으로 종사할 자격이 주어졌지만, 다른 대학의 학과는 지식만을 가르친 데다가 모두 비슷하게 좋은 직장만을 원하면서 경쟁이 더 치열해지고 말았습니다.

그러므로 아직 어린 자녀에게 대학 입시라는 스트레스와 사교육 시장에 목을 맬 필요가 없습니다. 어릴 때부터 독서와 여행으로 견

문을 넓히며 많은 사람을 사귀다보면 미래의 직업이 보이기 시작합니다. 이제는 스스로 계발해야 합니다. 인공지능으로 대체할 수 없는 직업을 찾아 공부하고 준비해가야 합니다.

가령 번역가, 계산원, 회계나 경리, 공장 생산자, 비서, 택배원, 약사 등은 현재 인기가 많지만, 미래에 사라질 직업으로 인공지능이 대체하게 될 것입니다. 왜냐하면 비품, 도서, 건물 관리 등과 같은 단순 반복 성격을 띤 업무일수록 사물인터넷 기술로 인력을 대체할 수 있기 때문입니다. 위험이 수반되는 현장업무도 급속히 기계로 대체될 것입니다. 로봇과 드론의 투입으로 소방, 치안, 단속, 물류 산업에 종사하는 현장 인력은 줄어들 것으로 예상됩니다. 인공지능으로 대체 가능한 전문직종이 큰 영향을 받을 수 있습니다. 가장 타격이 예상되는 직종은 회계, 법무, 의료보건, 사서직입니다.

그렇다면, 앞으로 새롭게 생긴 직업으로는 인공지능이 대체할 수 없으며 사람들이 필요로 하는 분야여야 합니다. 1인 가구가 늘면서 개인의 생활을 관리해주고, 관련 스마트폰 앱이 개발될 것입니다. 인간은 생존을 위해 먹거리를 만들어내야 하는데 농업, 어업 분야는 로봇이 대체하기 어렵습니다. 부분적으로 자동화가 이루어졌지만, 대부분 사람의 자잘한 손길이 필요합니다.

스트레스로 인한 우울증이나 공황 장애, 정신 관련 질환이 늘면서 사람이 사람에게 고민을 털어놓고 공감을 주고받는 개인 심리 컨설팅 분야도 로봇이 대체할 수 없습니다.

평생 한 우물만 팠는데 그 직업이 없어지면 큰 상실감을 겪게 됩니다. 그러므로 주변 사회에 관심을 기울이고 사람들이 아직 도전하지 않은 분야에 남보다 먼저 뛰어들어야 기회를 잡고 성공할 수 있습니다.

03

직업에 대한 고정관념 바꾸기

(1) 좋은 직업에 대한 선입견 버리기

청년 실업률이 점차 높아지는 이유는 대기업, 공무원, 각종 자격증 등 일반적이고 정규화된 길에 많은 사람이 몰렸기 때문입니다. 특히, 우리나라는 직업에 선입견을 품은 사람이 많습니다. '직업에는 좋은 직업과 안 좋은 직업이 있으며, 어떤 일은 힘들어서 직업으로 하기에는 어려움이 있을 것' 이라는 선입견입니다.

대부분의 청년이 초·중·고·대학을 졸업하고 나서 다음 단계로 가는 의무사항인 듯 대기업이나 공무원이 되고자 합격하기까지 수년 동안 돈과 시간을 들여 시험에 도전합니다. 기업의 미래나 기술, 적성과 상관없이 오직 안정된 직장만 찾는 것입니다. 특히 우리나라의 부모들은 자녀에게 '사' 자가 들어가는 직업을 권하는데, 좋은 직업을 가진 그들에게도 말 못 할 고민과 스트레스가 상당합니다.

안정적인 직장과 평생 연금을 주는 공무원에 너도나도 뛰어들어 경쟁률이 무척 높지만, 어떤 업무는 상상을 초월할 정도로 스트레스가 심하고 업무 강도가 엄청납니다. 까다로운 민원이라도 생기면 몇 달을 해결하느라 고생해야 하고, 기록 관련 업무는 단 한 글자라도 틀리면 안 되기에 강박증에 걸려 정신과 약을 달고 사는 사람도 있습니다.

변호사도 엄청난 경쟁 속에서 강도 높은 스트레스를 견뎌야 합니다. 좋은 직업은 스스로 적성에 맞고 그 일을 좋아해야 오래 즐겁게 할 수 있습니다. 갈등 해결 능력과 대인 관계에 어려움이 있는 사람이 공무원이 되면 다른 직업을 선택했을 때보다 더 재미와 보람을 느끼기 어렵습니다.

TV를 켜면 여러 방송에 셰프들이 나와 눈과 혀를 즐겁게 하는 요리를 선보이지만, 사실 얼마 전만 해도 셰프라는 직업은 생소했습니다. 흔히 '주방장'이라고 불렀고 주방장을 꿈으로 내세우는 학생도 거의 없었습니다. 직업을 선택할 때 유행에 따르는 것은 무척 위험한 생각입니다. 모든 사람에게는 적성과 흥미를 보이는 분야가 있으며 자신에게 맞는 직업을 찾는 것이 중요합니다. 또한, 한 가지 직업으로 평생 살 수도 없으므로 직업에 관한 선입견을 버리고 넓은 안목으로 미래를 결정해야 합니다.

어떤 직업을 갖고 일을 할 때에는 적성, 기술, 노동, 창조, 나눔, 성취라는 가치로 직업을 대해야 하는데 직업의 안정성, 귀천, 대가, 차별이라는 가치로만 바라본다면 일하는 방식과 직업을 선택하는 데 발전과 변화가 없으며 결코 행복해질 수 없습니다.

(2) 좋은 직업일수록 치열한 생존 경쟁

좋은 직업을 희망하는 데는 여러 이유가 있겠지만, 전문직일수록 고소득이 보장되며, 평생 일할 수 있고, 남들이 우러러본다는 것이 큰 비중을 차지합니다. 특히, 변호사라는 직업에는 억울한 일을 당한 사람을 변호해준다는 소명 의식이 필요한데, 그저 돈을 많이 버는 좋은 직업이라는 이유로 도전하기에는 힘든 여정과 큰 비용이 듭니다. 일단, 변호사가 되기가 너무 어렵습니다. 어릴 때부터 앞만 보고 공부에만 매달려야 하고 로스쿨에 들어가 치열한 경쟁에 뛰어 들어가야 합니다. 비싼 등록금을 내는 로스쿨에 들어가 5년 내 5회만 시험을 보고 합격해야 합니다. 어렵게 바늘구멍을 통과해도 법률 시장은 이미 포화 상태이기 때문에 살아남기 어렵습니다.

과거에는 합격과 동시에 사회적 신분이 달라졌고, 판검사가 되지 못해도 변호사로도 충분히 부와 명예를 거머쥘 수 있었습니다. 그러나 합격 정원제가 도입되면서 기존의 변호사와 더불어 변호사 수가 계속 늘어나 취업하기도 어려운 실정이 되었습니다.

또 다른 문제는 빅데이터 기술과 인공지능이 발달하면서 판사보다 더 판결을 정확하게 내릴 수 있는 프로그램을 개발할 수 있게 되었습니다. 사실 사람과 사람 간의 문제는 특이한 경우를 제외하고 대체로 비슷한 문제에서 시작됩니다. 인간의 경험과 지식이 축적된 빅데이터를 활용하여 짧은 시간에 신속하고 공정하게 법률 정보를 받을 수 있습니다. 이미 변호사 없이 법률 정보를 이용하여 '나 홀로 재판'을 진행하는 사람도 늘어나고 있습니다.

인공지능과 로봇이 발달할수록 고소득 화이트칼라 전문직이 훨씬 빨리 사라질 수 있습니다. 고소득 연봉자일수록 직장에서는 그 고액 연봉을 줄이려는 이기적인 욕구가 강해집니다. 병원이든 로펌이든 대기업이든, 연봉이 높은 순서로 퇴사시키고 싶어합니다. 그래야 더 많은 돈을 모을 수 있고, 축적한 부로 인공지능과 미래 기술에 투자할 수 있기 때문입니다. 그래도 변호사를 원한다면, 새로운 분야를 개척해야 합니다. 여전히 사회 취약 계층은 소외당하고 있습니다. 억울하게 누명을 쓴 사람과 변호사 수임료를 내지 못하는 사람을 변호하는 일은 차가운 인공지능이 대체할 수 없는 인간의 영역입니다. 그래도 공무원을 원한다면 '몇 년 고생하여 힘들게 공무원이 됐으니 내 할 일만 하고 의무를 다했다'고 생각할 것이 아니라, '국민의 세금으로 안정적인 월급을 받았으니 이제 국민의 마음을 헤아리고 봉사하자'라고 생각하는 즐거운 공무원이 되어야 합니다.

(3) 위기에 닥친 대기업과 공기업

대기업과 공기업에 취직하는 일은 청년들의 꿈이자 목표입니다. 대기업은 안정적이며 급여 체계와 복지 제도가 좋습니다. 공기업 역시 업무가 과중하지 않으면서 안정적인 편이어서 들어가기가 어렵습니다. 그러나 대기업은 고용 인원이 늘지 않고 있으며 정년이 점점 짧아지고 있습니다. 실력 있는 청년들이 아래에서 치고 올라오면서 설 자리를 잃어가는 실정입니다. 더구나 인공지능이 빠른 시일 내에 인간이 종사하는 직업을 잠식해갈지도 모릅니다. 아이들이 살아갈 시대는 더욱 변화 속도가 빠를 것이며 그 변화에 대응하지 못하면 도태되거나 실업이라는 큰 고통을 겪게 될 것입니다.

4차 산업혁명을 처음 주장했던 '세계경제포럼WEF'의 클라우스 슈왑 회장은 "초연결 사회로의 변화를 겪으면서 노동의 수요와 공급도 더욱 세분화, 정밀화될 것"이라고 말했습니다. 즉, 기업뿐만 아니라 일반 소비자끼리도 '이베이'나 '아마존', '11번가'나 '옥션' 등에서 개인끼리, 또는 기업과 개인 간에 거래하듯 노동력을 거래하면서 직장 개념이 사라질 가능성이 커지게 될 것입니다.

또한, 수요가 있을 때만 일하게 되면 더 이상 정규직은 설 자리를 잃어갈 것입니다. 특히 대규모의 인력이 있어야 하는 건설업, 유통업, 금융업, 중공업, 제조업 등에서 엄청난 규모의 구조 조정이 일어나 사회 문제로 대두될 것입니다. 대기업이 붕괴하면 40대의 이른 나이에도 희망퇴직자가 생겨나면서 퇴직 연령이 점차 낮아지게 됩니다. 한국 GM 군산 공장 폐쇄 결정에 따라 퇴직한 40대 생산직 근로자가 목숨을 끊거나 쌍용자동차 정리 해고 사태로 30명의 아까운 생명이 스스로 목숨을 끊었습니다.

공기업도 심각합니다. 부채 비율이 600%에 가깝다는 사실이 드러나면서 희망퇴직자를 받거나 공기업이 퇴출당할 가능성이 커졌습니다. 혁신적인 투자와 기술을 개발하지 않는 한 밝은 미래를 보장받기 어려운 실정입니다.

(4) 현재의 교육 방식, 이대로 괜찮은가?

4차 산업혁명 시대에 들어서면서 '교육 시스템을 바꿔야 한다'

는 목소리가 높아지고 있습니다. 특히 많은 전문가가 현재의 입시 중심 교육 환경을 우려합니다. 4차 산업혁명이 진행되면 수많은 일자리뿐만 아니라 다양한 직업이 사라질 것이 자명합니다. 물론, 새로운 직업과 일자리도 무수히 많이 생겨날 것입니다. 그러나 이렇게 새로 나타나는 직업과 직종은 현재 학교나 학원에서 교육하는 것들이 아닙니다.

로봇, 인공지능 설계, 딥 러닝, 신소재 개발, 인공위성용 차세대 로켓 설계 및 정비, 소립자 발견을 위한 입자가속기 설계 및 운용, 방사성 물질 제거, 실시간 대용량 데이터 스트리밍을 위한 새로운 통신 개발, 수천 도를 넘는 고열에 견딜 수 있는 소재 개발 등을 어떤 학교, 어떤 학원에서 가르칠까요?

이미 시작된 4차 산업혁명에서 전도유망한 직종은 어쩌면 현재 일하고 있는 근로자, 배우는 학생들이 스스로 만들어내는 직종과 직업이 될 것입니다. 그러므로 현재 대기업이나 공기업, 제조업체, 유통업체 등에서 종사하는 근로자는 미래를 대비해 공부해야 하며, 회사에 요구도 해야 합니다. 그래야 4차 산업혁명에서 도태되지 않고, 개인은 물론 소속된 기업과 나아가 사회와 국가까지 생존할 수 있기 때문입니다.

인공지능과 로봇의 발달로 청년실업은 더욱 심각해질 것입니다. 지금의 10대 자녀가 30대가 되었을 때 체감하는 실업률은 90%에

이를지도 모릅니다. 많은 일자리를 로봇과 인공지능, 무인자동차 3D 프린터에 뺏길 것입니다.

그러므로 대입 입시를 위한 공부보다는 로봇이 대체할 수 없는 인간 본연의 감각, 즉 예술적 감각, 창의력, 직감, 통찰력, 인성, 유머 감각, 의미 부여, 스토리텔링, 창조력 등을 키워나가는 것이 중요합니다. 인공지능에 직업을 빼앗길 준비를 하기 위해 많은 돈을 들여 공부만 하고, 안정적인 직업을 갖기 위해 시험 공부에만 매달린다면, 과거 취미생활을 포기하고 재능을 꽃피울 기회조차 접하지 못하고 책상에만 앉아 공부만 했던 시간을 후회할지도 모릅니다.

인공지능은 인간보다 수치, 확률, 계산, 언어, 정보 수집, 분류 등에 능숙합니다. 어떤 영역에서 어떤 지격시험을 보더라도 인공지능에 일자리를 빼앗기는 경우가 생길 것이므로 인공지능이 인간을 대체할 수 없는 영역에서 준비하는 것이 현명한 방법입니다. 인간미를 느낄 수 있는 서비스 분야, 독창성과 창의력이 필요한 분야, 봉사와 배려가 필요한 복지 분야, 인간의 정신과 마음을 위로하는 심리 분야, 인간의 잔손질이 많이 가는 농업 분야 등은 인공지능이 가장 늦게 침투할 분야일 것입니다.

또한, 인터넷이 보편화하고 4차 산업혁명의 흐름을 타는 이 시대의 부모가 자녀에게 해주는 일반적인 조언이 과연 미래 상황에 큰 도움이 될지도 의문이 듭니다. 1970년대에 태어난 부모가 2000

년대의 자녀에게 해주는 조언과 충고가 과연 자녀의 미래에 도움이 될까요?

지금의 부모는 4차 산업혁명이라는 역사의 전환기에 서 있습니다. 1950~1960년대에 태어난 베이비붐 세대 부모는 은퇴 후의 삶을 즐길 여유가 많을 수도 있지만, 불행히도 1970년대부터 태어난 세대는 저 출산으로 인해 후계자가 없어서 은퇴하기에도 어려운 세대가 될 것입니다. 그러므로 사교육으로 자녀를 위한 교육비에 힘들게 번 돈을 모두 소비하지 말고 부모 자신의 노후에 대비해야 합니다. 그리고 자녀를 위해서는 20세 이전에 자립할 수 있도록 독서를 통해 창의력과 지혜를 스스로 기를 수 있는 환경을 제공하는 것이 바람직합니다.

이제 취업을 준비하는 학생은 스펙이 아니라 미래에 관련된 지식을 쌓아나가야 합니다. 눈앞에 닥친 앞날에 급하게 대비한답시고 특별한 조직을 만들고 특수한 기술을 익히는 것만이 생존 전략이 아닙니다. 각 개인과 조직이 미래 지향적인 시각을 바탕으로 새로운 기술과 노하우를 습득하는 데 게을리 하지 않고 꾸준히 배워나가는 것만이 살아남는 길입니다. 이 시대에서 살아남으려면 '어제와 오늘이 계속 쌓이고 쌓여 미래를 만든다' 는 사실을 잊지 말아야 합니다.

04

새로운 직업, 뉴 잡NEW JOB에 도전해야 한다

4차 산업혁명 시대에는 어떤 직업과 직종이 유망할지 감을 잡으려면 산업혁명의 역사를 훑어보며 시대가 어떻게 변하면서 발전해 왔는지 참고하는 것이 중요합니다. 미래를 예측하려면 과거와 현재를 제대로 파악해야 어느 정도 가늠할 수 있기 때문입니다.

우선, 산업혁명Industrial Revolution은 기술의 혁신과 새로운 제조 공정으로의 전환, 이로 인해 일어난 사회, 경제, 문화 등의 큰 변화를 일컫는 말입니다. 1760년에서 1820년 사이에 영국에서 가장 먼저 시작되면서 사회 경제적으로 큰 변화를 일으켜 세계 근대화의 촉매제가 되었습니다. 그 시작은 섬유산업이며, 혁명이라고 불리는 이유는 세계를 크게 바꾸어 놓았기 때문입니다. 이러한 1차 산업혁명이 있었기에 그 후 2차, 3차, 4차 산업혁명이 탄생할 수 있었습니다.

산업혁명이 일어난 당시에는 그 영향력과 파급력을 이해하지 못하기도 했습니다. 일련의 격동의 시기가 지나고 나서야 사람들에게 평가받았습니다. 산업혁명이 일어날 때마다 인류는 그 전의 시대와는 확연히 다른 삶의 모습을 보이며 크게 발전했습니다. 1차, 2차, 3차, 4차로 갈수록 산업혁명이 다가오는 시기가 짧아졌으며, 그로 인한 많은 갈등과 일자리, 정치, 경제 문제가 발생하기도 합니다.

1차 산업혁명은 기존의 농사 또는 수공업을 하던 시대에서 공장을 세우고 대량 생산으로 접어드는 시대를 말합니다. 먼저 면직물 공업에서 시작되었는데, 천을 짜는 방적기가 등장하면서 더 이상 사람들이 손으로 만들지 않아도 되는 시대가 도래했고, 증기를 이용한 자동화가 도입되었습니다. 그래서 1차 산업혁명하면 떠오르는 것이 증기기관입니다.

과거에는 가정에서 먹을거리를 직접 생산하고 소비했다면, 산업혁명 이후에는 먹을거리를 구매하는 새로운 소비층이 등장하게 되었습니다. 그러면서 사람들이 모여 도시가 발달하고 도시와 농촌의 격차가 크게 벌어지기 시작합니다. 개인의 노동을 기계가 대신하여 공장이 만들어지면서 '노동자'와 '근로자'라는 계급이 생깁니다.

1865년부터 1900년대 2차 산업혁명 시기에는 석유가 등장했습니다. 화학, 석유, 철강 분야에서 놀라운 기술 혁신이 이루어졌습니다. 동력을 석유로 사용하면서 자동차가 보편화하고 제조업이 폭발적으로 성장했습니다. 대표적으로 미국의 포드자동차가 대량 생산의 시작을 알렸습니다.

또한, 토머스 에디슨의 전구발명으로 전기가 널리 보급되었습니다. 전기는 공장의 자동화를 가져와 공장의 생산성이 폭발적으로 증가합니다. 그러면서 단순 제조업이 아니라 식료품, 음료 등 다양한 산업군으로 경제가 성장해갑니다. 운송 수단 또한 자동차의 대량 생산 덕분에 사람 간의 거리와 도시 간의 거리가 좁혀지기 시작합니다. 그리고 전기 장치를 이용한 영화, 라디오, 축음기와 같은 발명품이 제작되었습니다.

3차 산업혁명을 흔히 컴퓨터, 인터넷을 통한 정보화 혁명이라고 말하기도 합니다. 1990년대 후반에는 인터넷과 스마트 혁명으로 인하여 미국 주도의 글로벌 IT 기업이 급부상하게 됩니다. 산업혁명이 발생할 때마다 생산 방식 변화와 기업의 변화가 눈에 띄게 나타납니다.

3차 산업혁명 시기까지는 제조업 중심 기업이 성과를 나타냈다면 이후에는 구글, 페이스북과 같은 IT 기업의 성장이 눈에 띄게 나타나고, 닷컴 열풍으로 인해 네이버, 다음 등 새로운 대기업이 출현합니다. 실제로 이 기업들은 탄생한 지 오래되지 않았지만, 수십 년 동안 성장해온 기업들을 한순간에 압도할 정도로 실력을 발휘합니다. 이제는 홈페이지가 없는 기업이 없으며 사람들은 컴퓨터로 소통하기 시작합니다. 대학은 빠르게 전산학과나 컴퓨터학과를 신설하고 온라인 쇼핑몰은 지금도 매년 성장하며 더 편리하고 더 빠른 배송 시스템을 제공합니다.

3차 산업혁명은 일자리의 증가와 감소를 동시에 크게 가져왔습니다. 1차, 2차 산업혁명 시기에도 새로운 일자리와 사라지는 일자리가 나왔지만, 3차 산업혁명만큼은 아니었습니다. 3차 산업혁명은 컴퓨터와 인터넷이 대중화되고 공장이 자동화되면서 수많은 일자리 감소를 가져오는 동시에 새로운 일자리를 수없이 많이 만들어냈습니다. 아침에 종이 신문을 보는 대신 스마트폰으로 뉴스에서 유튜브, 팟캐스트, SNS 등 다양한 정보를 소비하게 되었습니다. 초등학생부터 노인까지 이제 스마트폰이 없는 사람을 찾기가 어렵게 되었습니다.

인터넷이 등장하면서 이메일, 월드와이드웹www, 닷컴, 소셜 미디어, 모바일 웹, 빅데이터, 클라우드 컴퓨팅, 사물인터넷의 초기 형태의 다양한 신기술을 접하게 되면서 검색, 협업, 정보 교환에 드는 시간과 비용을 비약적으로 줄였습니다. 또한, 다양한 분야로의 진입의 장벽을 허물고 융합, 연계, 통합의 시대가 열렸습니다. 새로운 방식의 유통망이 형성되고 조직화가 쉬워졌으며 디지털 벤처 사업의 기회가 열렸습니다. 센서 기술의 발달로 인공지능이 스마트폰, 시계, 자동차, 건물, 심지어 인체에도 들어왔습니다.

3차 산업혁명은 이제 우리에게 다가오는 4차 산업혁명의 밑거름이 되었습니다. 블록체인, 양자암호, 사물인터넷, 무인자동차, 로봇공학, 나노기술, 드론, 3D 프린팅, 5G 초고속 이동통신, 증강현실 구현 등 3차 산업혁명의 바탕 위에 여러 산업 분야의 경계가 허물어지고 통합 및 융합되는 시대가 바로 4차 산업혁명 시대입니다. 인공지능이 인간의 지식을 대신해주는 세상, 인간의 일을 로봇이 대신하는 세상이 펼쳐지고 최첨단 과학 덕분에 세상이 비약적으로 발전하고 달라질 것입니다.

4차 산업혁명은 익숙하지만, 아직은 생소한 산업혁명입니다. 산업혁명이 올 때마다 사람들의 생활 모습과 생산 방식은 크게 변화합니다. 더구나 4차 산업혁명은 기존 산업혁명보다 훨씬 더 큰 변혁의 파도를 몰고 오리라는 것이 전문가들의 해석입니다. 1, 2차 산업혁명 때의 석유, 전기와 같은 에너지원이 아닌 로봇, IoT를 통한 인공지능 기술을 핵심 성장 동력으로 하여 상품과 서비스의 생산, 유통, 소비에 이르는 전 과정이 연결되고 지능화됩니다.

이 과도기에서 우리는 아직 실제로 느낄 만큼의 변화를 체감하지 못하는 것 같지만, 유선 전화와 PC가 점차 사라지고 있습니다. 3D 프린터는 이미 간단한 부품을 제조하기 시작하면서 제조업 약화를 초래하고 있지만, 관련 산업 또한 혁신을 거듭하면서 또 다른 발전의 갈림길에 서 있습니다.

무인자동차가 일반화되면서 운전면허를 딸 일도 없고, 운전기사도 사라질 것입니다. 단순한 노동은 이미 로봇이 대체했고, 특히 교육과 의료 분야에 더 확산될 것입니다. 미래에는 굳이 통역이나 번역이 없어도 세계 여러 언어로 소통이 가능해질 것입니다. 초연결, 초융합으로 접어드는 4차 산업혁명에는 자율자동차, 가정용 로봇, 인공지능 의료기기, 안전 및 보안이 강화되면서 더욱 편리해지는 삶을 누릴 수 있게 됩니다.

그러므로 매년 발전된 기술을 접하면서 이에 대비해 가야 합니다. 특히, 우리의 아이들에게 지난 산업혁명이 준 역사의 교훈을 가르쳐야 합니다. 초기 산업혁명이 시작되면서 사람들은 기계와 전쟁을 벌이고 자신의 일자리를 돌려달라고 투쟁했습니다. 인터넷과 컴퓨터가 발전하면서 나이가 들거나 이를 배우지 못한 사람들은 적응하지 못한 무지한 사람들로 전락해버렸습니다.

그렇다면, 인류의 역사가 4차 산업혁명에서 끝나게 될까요?

그렇지 않습니다. 우리 시대에서는 경험하지 못할 수도 있지만 5차 산업혁명도 들이닥칠 것입니다. 우리나라만 해도 1차, 2차, 3차 산업혁명이 60년이라는 짧은 시기에 집중적으로 몰아닥쳤습니다. 아무것도 모른 채 '로봇이 알아서 해주겠지'라는 안일한 생각으로 있다가는 순식간에 도태되어 설 자리를 잃게 될 것입니다. 배워나가는 진취적인 자세로 변화의 순간을 준비해야 합니다.

유연하고 창의적인 사고 능력은 물론 생각하는 힘과 문제해결 능력을 기르는 교육을 통해 소통하는 능력을 갖춰나가야 합니다. 영어, 수학, 국어를 우선시하는 학교 공부만 강요하지 말고, 어떤 것에 관심이 있는지 적성을 먼저 파악하고 시대의 흐름을 읽으며 미래를 준비해야 합니다. 어쩌면 엉뚱한 생각이 시대를 바꿀 수 있습니다. 엉뚱한 생각이 문명을 바꾸거나 역사를 바꾼 일이 많다는 것을 꼭 기억해야 합니다.

Part 2

블록체인이 몰고온
새로운 패러다임

블록체인과 플랫폼의 시작

의사소통, 쇼핑, 교육, 언론, 광고 및 홍보, 오락 및 취미생활 등 인터넷이 현대인 삶의 일부가 되었듯이, 이제 블록체인이 일상을 변화시키는 기반이 될 것입니다. 다가오는 디지털 시대에서 핵심적인 기술로 새로운 가치를 발견해 산업 생태계를 변화시키는 토대가 될 전망입니다. 더 안전하게, 더 개방적으로, 더 공평하게 정보를 공유함으로써 거래의 투명성과 신뢰성을 향상할 수 있습니다. 블록체인이 4차 산업혁명의 핵심 기술로 평가받는 이유 중 하나는 플랫폼이 아닌 공공 거래장부 기능을 하는 보안 기술이기 때문입니다.

해킹, ID 절도, 사이버 명예훼손, 사기, 스팸, 피싱, 랜섬웨어 등은 개인의 사생활과 보안을 해치는 것들입니다. 인터넷은 투명성을 확보해야 하고 규칙을 위반하는 악성 코드를 방지하고 개인의 보안을 향상하기 위해 해주는 일이 거의 없습니다. 인터넷으로 은행 거래를 할 때도 계좌를 보호하기 위해 암호에만 의지해야 합니다.

또한, 중앙 집단을 통해 정보가 저장되어 공유되면서 정보뿐 아니라 지식과 자산 듯 많은 가치가 특정 중앙화 집단에 의해 통제되었습니다. 그러나 블록체인 기술은 중앙화된 집단이 아닌 공유하는 모든 이들에게 책임과 권리를 나눠 언제 어디서든 확인하고 증명할 수 있는 '탈중앙화' 된 원리를 적용하였습니다.

블록체인은 해킹의 데이터 유출의 표적이 되는 중앙 서버가 없으므로 악의적으로 공격해 해킹하거나 조작하기란 사실상 불가능에 가깝습니다. 취약한 방화벽, 직원들의 정보 유출, 해커의 침입을 우려할 필요가 전혀 없습니다. 혹시 일부 시스템에 오류가 발생하더라도 전체 네트워크에 미치는 영향은 미미하여 시스템 안전성과 신뢰도가 매우 높습니다.

블록체인 시대에서 위협을 받는 개념은 '소유' 입니다. 과거 인류는 '내 것' 과 '네 것' 이라는 소유 개념을 사회화 과정을 통해 체득해왔습니다. 역사적으로 소유는 다양한 문서의 형태 즉, 땅문서, 집문서 등으로 남겨졌습니다. 블록은 하나의 데이터로 블록Block이 되어 데이터를 저장하여 실시간으로 연결Chain하면서 공유가 가능해집니다. 따라서 모두 확인할 수 있고 모두 증명할 수 있기에 위변조가 어려워 보안에 가장 적합한 기술입니다.

이러한 블록체인 기술이 쓰인 가장 유명한 사례는 가상화폐인 '비트코인Bitcoin' 입니다. 비트코인은 블록체인을 기반으로 한 기술입니다. 스마트폰이 출현하면서 시간과 공간에 구애받지 않는 저비용의 교역 플랫폼이 활성화되었으며, 이러한 거래는 양방향성을 띰으로써 개인이 소비자가 되기도 하고 공급자가 되기도 하는 새로운 비즈니스를 확산하는 배경이 되기도 했습니다.

따라서 지식과 기술, 정보를 공유하고 보편화하는 세상에서 기존과 같은 산업 시스템을 유지한다면 혁신은 이뤄질 수 없습니다. 모든 정보가 공유되는 사회에서 살아남으려면 범국가적인 차원에서 끊임없이 새로운 기업을 창출시키고 새로운 산업이 생겨나도록 매커니즘을 확보해야 합니다.

남극에 사는 펭귄이 먹이를 사냥하기 위해서는 바다에 뛰어들어야만 합니다. 그러나 바다에는 펭귄을 잡아먹는 바다표범과 같은 천적이 많습니다. 그래서 많은 펭귄이 뛰어들기를 주저합니다. 이때 제일 먼저 바다에 뛰어드는 펭귄이 있습니다. 이 펭귄을 '퍼스트 펭귄' 이라고 합니다. 이렇게 한 마리가 죽음의 공포를 이겨내고 먼저 용감하게 뛰어들면 다른 펭귄들도 잇따라 바다에 뛰어듭니다.

퍼스트 펭귄은 불확실한 상황에서 먼저 나섬으로써 다른 이들에게 참여 동기를 유발하는 도전자이자 승자입니다. 플랫폼 시장이 퍼스트 펭귄에 종종 비유되는 이유는 그 성격상 선두가 계속 앞서나가면서 승자 독식 구조를 갖기 때문입니다.

최근 들어 '플랫폼'이라는 용어를 자주 접하곤 합니다. 플랫폼이란 원래 승강장, 즉 기차역을 뜻하는 말로 쓰였으나, 최근에 와서는 ICT 분야에서 자주 사용되고 있습니다. 안드로이드 플랫폼, 페이스북 플랫폼, 아마존 플랫폼, 카카오톡 플랫폼, 네이버 플랫폼, 쇼핑 플랫폼 등 언뜻 보면 모두 다른 의미로 플랫폼이란 용어가 사용되는 듯 보이지만, 자세히 들여다보면 한 가지 공통점이 있습니다.

즉, 플랫폼이라는 공간 또는 장소는 사람들에게 뭔가 거래할 수 있는 환경을 만들어준다는 것입니다. 그러므로 더 많은 사람이 이러한 공간에 오도록 플랫폼은 사람들에게 매력적으로 인식되어야 할 필요가 있습니다. 플랫폼이 매력적일수록 더 많은 사람이 모여들고 더 오래 머물면서 자연스럽게 이 플랫폼에서 더 많은 거래가 이루어지게 됩니다.

블록체인의 등장으로 플랫폼 시장에서는 경쟁 양상이 중앙화에서 분권화로 옮겨지고 있습니다. 글로벌 시장조사업체 IHS 마킷에 따르면, 전 세계 블록체인 금융거래 시장 규모는 오는 2030년 4,620억 달러약 520조 원에 달할 전망이라고 합니다. 블록체인 활성화 초기인 2017년 19억 달러약 2조 원와 비교하면 10년 내 250배가 넘는 성장이 예상됩니다.

특히, 블록체인은 위·변조가 불가능한 데이터 분산저장 기술로 개인정보에 민감한 금융시장에서 주목받고 있습니다. 각국 중앙 및 시중 은행들은 독점 구조의 송금 네트워크 스위프트를 대체할 블록체인 기술 도입에 앞장서고 있습니다.

변화보다 기존의 틀을 유지하려던 은행 업계에서도 균열이 가기 시작했습니다. 새로운 기술을 받아들이지 않으면 더 이상 미래를 보장할 수 없게 된 것입니다. 은행은 4차 산업혁명의 핵심 인프라이자 플랫폼인 블록체인 기술과 필연적으로 손을 잡아야만 했습니다.

국내 시중 은행 가운데서도 우리은행이 신분 도용 방지와 거래 편의성 극대화를 목적으로 블록체인 기반 해외송금 서비스 상용화에 나설 전망입니다. KEB하나은행은 국내 은행 최초로 세계 블록체인 컨소시엄인 하이퍼레저Hyperledger에 합류하며 블록체인 기술을 기반으로 한 금융 플랫폼 개발을 공식화하기도 했습니다.

은행, 보험 등 각종 금융 서비스 분야는 물론, 국가 간 통화지급 거래, 주식, 채권, 파생상품의 거래 및 각종 무역거래 분쟁의 관리, 공공 및 민간 시장의 자산 보관 및 담보 관리 등 여러 분야에서 암호화폐 블록체인은 현재 많은 국가에게 미래 경쟁력 확보를 위한 핵심 분야로 주목받고 있습니다.

분산형 플랫폼은 거래 비용 절감과 자율성 향상을 통해 기존 중앙집권화된 시스템을 대체해가는 파괴적인 혁신으로 작용할 것입니다. 따라서 블록체인 기반의 생활금융 서비스가 확대될수록 시장 규모는 더욱 비약적으로 발전할 것입니다. 세계 블록체인 시장은 향후 5년간 10배 이상 성장할 것으로 전망됩니다. 특히 현금인출형 거래소, 예탁, 정산 분야 등 블록체인을 연계한 금융 서비스가 가장 빠르게 발전할 것으로 예측됩니다.

블록체인의 가치에 대한 네트워크 효과

비즈니스에 블록체인을 도입한 기업은 '투명성', '탈중앙성', '보안성'이라는 블록체인 본연의 장점은 물론, 협업에 걸리는 시간 단축을 통한 의사결정의 '신속성', 비즈니스 확대 시 필요한 비용 및 시간 절감을 통한 '확장성' 등 추가적인 효과를 얻고 있습니다.

블록체인 기술은 누구에게나 공개하면서 신뢰할 수 있는 암호화 기반 네트워크를 구성하는 것이 주요 목표였지만, 이제는 데이터 자체 가치를 높이고 더욱 다양하고 유연하게 활용할 수 있는 기반이 되었습니다. 블록체인 기술은 프로세스 자동화, 비즈니스 혁신, 신뢰 공유, 가치 네트워크 구축에 있어 핵심 기술로 자리매김했습니다.

일반적으로 네트워크 효과란, 경제학 및 비즈니스 분야에서 특정한 제품 또는 서비스 이용자가 다른 사람들에 대한 그 제품의 가치에 미치는 영향을 말합니다. 네트워크 효과는 기존의 가격 효과, 브랜드 효과와는 다릅니다. 자유로운 진입과 확장성을 바탕으로 가치 구축의 능력을 극대화하는 것입니다.

네트워크 효과를 활용해야 하는 플랫폼 비즈니스 기업들은 외부 파트너를 설득하는 것이 점차 더 중요해졌으며, 이들은 경쟁 우위와 시장지배력의 새로운 원천이 되고 있습니다. 그들에게 네트워크 효과는 여러 플랫폼 사용자들이 각 사용자를 위해 창출한 가치에 미치는 영향력이라고도 볼 수 있습니다.

〈승자 독식의 네트워크 효과〉

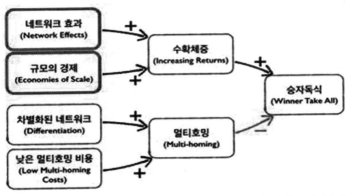

출처: Organic Media

어느 시장에서나 마찬가지로 승자독식이라는 선점 효과는 무시

할 수 없습니다. 정보란 남들이 모를 때 제일 먼저 획득하는 사람에게 우선순위가 있기 마련입니다. 네트워크 효과의 핵심은 사용자 연결입니다. 기술 기업이 전통적 기업과 다른 형태를 보이는 이유도, '공짜 모델, 빠른 성장, 신속한 시제품화'에 그토록 집착하는 이유도, 모두 네트워크 효과 때문입니다. 네트워크 효과는 다른 사람이 참여함으로써 기존 참여자가 느끼는 가치가 올라가는 것을 의미합니다.

교차 네트워크 효과는 네트워크 효과처럼 직접적으로 시너지를 창출하지는 않지만 관련된 다른 사업과 분야에서 시너지를 창출하는 효과입니다. 예를 들면, 국내에서 모바일 생태계 조성에 앞장서고 있는 ㈜카카오이하 카카오는 무료 모바일 메신저 서비스인 카카오톡의 압도적인 점유율과 소셜 네트워크를 기반으로 '카카오스토리', '카카오게임하기' 등을 잇달아 성공시키며 온 국민을 연결하고 있습니다.

나아가 카카오톡을 기반으로 스마트폰 사용자, 앱 개발자, 제휴사, 콘텐츠 저작권자까지 모두 공존하는 모바일 플랫폼을 제공하여 수익 창출은 물론 글로벌 시장 확대에 힘쓰고 있습니다. 특히, 카카오는 '카카오페이', '뱅크월렛카카오' 등 핀테크FinTech 영역을 강화하고, '카카오택시' 등 온·오프라인 연계 서비스를 통해 수익 모델을 다각화하는 등 다양한 플랫폼 비즈니스 전략을 추진하고 있습니다.

결국, 카카오는 초기에 단면시장 플랫폼의 직접 네트워크 효과를 통해 모바일 메신저 사용자 기반을 확대했고, 이후 게임과 콘텐츠 등의 서비스를 추가한 양면시장 플랫폼의 교차 네트워크 효과를 통해 수익을 창출했습니다.

사용자가 많아 더 큰 이점을 갖는 분야일수록 선점 효과는 더 큽니다. 시장에 거래할 상대가 많을수록 거래는 더 원활하게 이루어지기 때문입니다. 그래서 점점 불편을 겪고 새로운 시스템이 더 편하더라도 이용하던 것을 계속 이용하게 됩니다. 다른 종류의 메신저가 나와도 많은 사람이 카카오톡을 쓰는 것이 그렇습니다.

블록체인 기반의 암호화폐인 비트코인도 선점 효과가 엄청나게 큽니다. 비트코인은 사용자가 직접 참여하여 만들어가는 네트워크이므로 사용자가 많아질수록 그 가치가 증대합니다. 정부가 만든 공식적인 돈이 아닌데도 전 세계 많은 사람이 실제로 비트코인에 투자하고 이를 어떻게 활용해야 할지 사람들의 신뢰와 기대감이 실리면서 네트워크 효과가 점차 크고 견고해집니다.

블록체인이 4차 산업혁명의 핵심 기술로 선정됐다는 소식이 퍼지면서 비트코인 거래가 급격하게 늘어나고 가격도 빠르게 오르기 시작했습니다. 암호화폐가 실제로 화폐 역할을 하기에는 기술적 결함이 있다고 하더라도 이미 너무 많은 사람이 발을 담갔기 때문에 가격이 하락하면 투자자가 큰 손해를 봅니다. 막대한 손실을 보지 않기 위해서라도 가격이 하락하도록 보고만 있는 투자자는 없을 것입니다.

한 가지 잊지 말아야 할 것은, 블록체인 기술은 1991년에 암호화폐가 등장하기 훨씬 전부터 개발되었으며, 블록체인 기술의 활용이 암호화폐가 대표적인 것이 아니라 첫 번째 활용처였다는 사실입니다.

블록체인은 다수의 사용자가 참여하여 모든 거래에서 활용할 수 있는 강력한 기술로 그 활용법과 활용처는 무궁무진합니다. 블록체인의 가치를 암호화폐에 국한해서 생각할 필요가 없습니다. 더욱이 암호화폐의 거래가 활성화된다고 해서 블록체인 기술이 더 발전하는 것도 아닙니다.

블록체인의 실질적 가치는 금융 거래가 실물 자산에서 디지털 자산까지 확산된다는 점, 디지털 화폐를 발행하고 유통함으로 훨씬 더 다양하게 유통될 수 있고, 이제껏 경험하지 못했던 금융 서비스가 발현될 것이라는 데 있습니다. 중앙에서 벗어나 분산화를 표현하고 다양한 생각을 받아들이며 그것이 공정하다고 생각되는 사회적 약속이 있을 때 블록체인의 가치가 올라갈 것입니다.

03

블록체인으로 가속화될 생활 혁명

1982년에 우리나라에 처음 연결됐던 인터넷은 처음에는 부정적 요소가 많아 지금처럼 보편화되기까지 시행착오가 많았습니다. 더구나 지금처럼 사회, 경제, 문화, 정치, 교육, 통신 등 모든 구조를 다 뒤바꾸리라고는 아무도 예상하지 못했습니다. 지금 인터넷은 일상에서 떼려야 뗄 수 없는 수단으로 자리 잡았고, 스마트폰은 글자를 모르는 어린아이에게도 친숙할 정도입니다.

인터넷 후발주자인 블록체인도 유사합니다. 이제 막 시작된 시기로 하루가 다르게 이슈가 넘쳐납니다. 앞으로의 일을 판단하기는 어렵지만, 한 가지 분명한 것은 블록체인 역시 인터넷처럼 사회, 경제, 문화, 정치, 금융 전반에 걸쳐 영향을 미칠 것이고 가속화되어 생활에 혁명을 줄 것이라는 점입니다. 그에 따른 기회도 무한할 것입니다.

인터넷이 등장하면서 생활이 엄청나게 편리해진 것처럼 블록체인이 가져올 생활의 변화는 상상 이상일 것입니다. 정보를 전달하는 데 초점을 둔 3차 산업혁명의 기반이 인터넷이었다면, 블록체인은 정보를 공유하고 연결하며 가치를 전달하는 4차 산업혁명의 기반이 될 것입니다.

〈1~4차 산업혁명 한눈에 보기〉

제1차 산업혁명	제2차 산업혁명	제3차 산업혁명	제4차 산업혁명
18세기	19세기~20세기 초	20세기 후반	2015년~
증기기관 기반의 기계화 혁명	전기 에너지 기반의 대량생산 혁명	컴퓨터와 인터넷 기반의 지식정보 혁명	IOT/CPS/인공지능 기반의 만물 초지능 혁명
증기기관을 활용하여 영국의 섬유공업이 거대산업화	공장에 전력이 보급되어 벨트 컨베이어를 사용한 대량 생산보급	인터넷과 스마트 혁명으로 미국주도의 글로벌 IT기업 부상	사람,사물,공간을 초연결, 초지능화 하여 산업구조 사회 시스템 혁신

출처:〈산업혁명 4.0과 데이터 산업〉중에서

4차 산업혁명의 특성은 로봇이나 기계가 자동화되는 데 그치지 않고 더 나아가 지능화가 되어간다는 데 있습니다. 수많은 데이터를 수치화하고 의미 있는 정보로 바꿈으로서 인공지능이나 빅데이터, 사물인터넷과 같은 지능 데이터 기술이 블록체인과 결합하여 제품과 서비스를 연결하고 사물을 지능화하여 새로운 가치를 제공하게 될 것입니다.

산업혁명은 새로운 기술이 등장하면서 혁신이 일어나 사회 및 경제적으로 큰 변화가 나타나는 현상입니다. IT 기술에 따른 디지털 혁명과 플랫폼을 활용한 신규 서비스 시장이 개척되고 있고, 제조업에서 서비스업까지 전 분야에서 혁신이 일어나면서 4차 산업혁명은 이미 시작되었습니다.

특히, 제조업에서는 소비자의 다양한 요구에 빠르게 대응하고 욕구를 충족하기 위해 빅데이터, 인공지능, 사물인터넷과 결합하여 소비자가 원하는 서비스를 제공하고 있습니다. 기술 혁신은 기존과는 달리 신뢰도가 높고 투명해야 하며, 모두에게 이익이 골고루 분배되어야 하는데 그 핵심에 블록체인이 있습니다. 블록체인의 높은 신뢰도와 투명성, 보안성이 앞으로 산업혁명을 가속화할 것입니다. 적용 분야는 간편 결제 시스템 등과 같은 금융 거래방식, 문화 및 취미생활, 공공 서비스 등 폭넓습니다. 블록체인은 미래 산업 전반에 혁신을 가져다주고 인류의 생활환경을 보다 윤택하고 편리하게 이끌어주는 핵심 기술이 될 것입니다.

(1) 혼자서도 잘하는 인공지능

인공지능은 인간만이 학습할 수 있다고 생각했던 언어 학습, 표정 인지 등을 지능을 가진 컴퓨터가 수행하는 일련의 소프트웨어입니다. 일일이 사람의 손길이 필요했던 분야를 이제는 인공지능이 대신 수행하게 되었고, 사람보다 더 빠르고 정확하게 사고하고 계산하면서 더 많은 데이터를 처리함으로써 적용할 수 있는 범위는 이제 무한대에 가까워졌습니다.

인공지능의 영향력이 전 산업으로 확대되면서 우리에게도 이미 인공지능 서비스는 친숙해졌습니다. 가장 긍정적인 방향을 꼽는다면 바로 삶의 질 향상입니다. 질병, 환경오염, 교통 혼잡 등 사회적 난제를 해결해줄 열쇠로 기대되기 때문입니다.

동영상 스트리밍 서비스 넷플릭스는 사용자의 취향을 파악하여 보고 싶은 영화를 추천해줍니다. 보유 콘텐츠는 적지만, 인공지능을 이용하여 적은 수의 콘텐츠를 효율적으로 사용하게 함으로써 인기가 좋습니다.

네이버는 이미지 인식 기술에 인공지능 기술을 삽입하여 TV 속 주인공이 입은 옷을 스마트폰으로 찍으면 옷을 구입할 수 있는 정보를 제공하면서 쇼핑까지 할 수 있도록 연계했습니다. 애플의 시리Siri, 갤럭시의 빅스비Bixby, 외환딜러 더 봇The Bot 등 음성인식 비서와 각종 번역 서비스와 테슬라Tesla 전기자동차의 자율주행 기능 등이 인공지능과 연결되면서 서비스를 확장하고 있습니다.

SK텔레콤의 누구NUGU는 스마트홈 IoT 등 ICT 기술과 활용해 독 거노인과 장애인의 외로움 해소와 도움이 필요할 때 반응하며 문 제를 해결하는 돌봄 서비스로, 정부, 지방자치단체와 협력하는 협 력적 거버넌스의 한 사례이기도 합니다.

점차 적용 가능한 분야가 확장될 것이며 예상보다 이른 시일에 우리의 일상에 스며들 것입니다.

(2) 생활이 편리해지는 사물인터넷

사물, 즉 모바일, 가전제품, 웨어러블 디바이스 등에 충격, 온도, 열 등을 감지하는 센서 기능을 내장하고, 네트워크를 통해 실시간 으로 연결되어 서로 데이터를 주고받으며 서비스를 제공하는 것 을 사물인터넷Internet of Thing, IoT이라고 합니다.

사물에서 더 나아가 공간에도 적용하여 아파트, 학교, 버스 정류 장 등 서로 연결되며 편의를 제공합니다. 이미 버스 추적 시스템을 통해 버스 위치를 알 수 있으며, 집에서도 전등이나 전자제품의 전 원을 온오프하거나 온도 조절 기능이 가능합니다.

사물인터넷이 일상생활 속으로 들어오면 생활이 편해집니다. 출근 전에 도로가 막힌다는 뉴스가 뜨면 스마트폰이 알아서 알람을 평소보다 더 일찍 울려줍니다. 집안 전등이 일제히 켜지면서 커피포트가 때맞춰 커피를 내리고 전기밥솥의 밥이 취사를 마칩니다. 집을 나서면 전등이 일제히 꺼지고 자동차의 시동이 켜지면서 내부 온도를 조절합니다. 선호하는 음악이 자동차에서 흘러나오며 자동으로 내비게이션이 회사로 가는 빠른 길을 안내합니다.

앞으로는 주변에서 흔히 보고 쓰는 사물 대부분이 인터넷으로 연결돼 서로 정보를 주고받으면서 통신하게 됩니다. 그러나 현재 서버는 사물인터넷 기기가 중앙 서버와 연동되기에 트래픽을 감당할 높은 사양의 서버가 없습니다. 이때 블록체인은 분산 형태로 데이터를 공유하므로 투명하다는 장점과 더불어 데이터 왜곡을 방지하고, 위조 및 변조에서도 매우 안전합니다.

모든 네트워크가 서로 데이터를 공유하고 분산 저장하는 방식이므로 수많은 사물을 연결하는 데 최적입니다. 결국 사물인터넷도 분산형 블록체인에 접목하여 발전할 수밖에 없습니다.

만약, 무인자동차를 고속으로 운행 중인데 해킹당하여 핸들과 경로를 조작해버리면 대형 사고로 이어집니다. 그래서 해킹이 불가능한 블록체인 기술이 사물인터넷에 적용되어야 합니다.

(3) 곧 현실이 되는 로봇과의 일상생활

마켓앤마켓 시장조사기관에 따르면, 전 세계 지능형 로봇시장은 2020년까지 연평균 19.22%로 성장해 780억 달러의 규모에 이를 것으로 전망했습니다. 자동차, 건설 등 제조업과 전문화된 산업 분야는 당연하고 노인 지원, 엔터테인먼트, 개인 서비스 등 다양한 분야에서 로봇이 활용될 것입니다. 또한 2022년에는 인공지능을 탑재한 로봇이 IT 분야, 의료, 법률의 전문적 업무까지 대체하게 될 것입니다.

우리나라는 로봇청소기나 교육용 기기, 통신 기기 등을 중심으로 로봇 시장이 형성되고 있지만, 아직 산업용 지능형 로봇 시장은 시작 단계입니다. 최근 인천공항에서는 LG가 개발한 로봇이 사람을 인식하여 한국어, 영어, 중국어, 일본어로 목적지까지 안내하며 공항 내 시설을 안내하고 있습니다. 청소 로봇은 공간 데이터를 기반으로 장애물을 피해서 가며 청소하기도 합니다.

소프트뱅크의 휴머노이드 로봇 '페퍼'는 사람의 표정과 목소리를 분석하여 대화가 가능하며 판매대리점, 전시장, 산업 현장 등 다양한 분야에서 필요한 정보를 제공하며 활용되고 있습니다. 아마존은 물류센터에서 로봇을 활용하여 효율성을 극대화하고, 음성 인식 비서로 활용하면서 개인 비서로서의 로봇 시장을 주도해

가고 있습니다.

이렇게 로봇 수요가 급증함에 따라 IT 기업뿐 아니라 정부에서도 적극적인 육성 정책을 펼치고 있습니다. 점점 개인화된 맞춤 서비스로 발전하기 위해서는 데이터의 신뢰성이 확보되어야 하고 보안이 철저해야 합니다. 블록체인은 이러한 점을 모두 충족하면서 로봇 기술에 적용되어 사생활 침해에 대한 걱정 없이 높은 신뢰성을 확보할 수 있습니다.

(4) 3D 프린터로 만드는 제조 유통의 신세계

일반적으로 가정과 사무실에서 사용하는 프린터는 종이에 잉크를 사용하여 찍어내는 2D 프린터입니다. 기본 흑백 프린터에서 컬러 프린터까지, 잉크 분사 방식에 따라 고품질의 인쇄물을 빠르게 얻을 수 있는 프린터는 일상생활에서 없어서는 안 되는 필수적인 사무용품입니다.

2D 프린터가 인쇄라면, 3D 프린터는 제조와 관련이 깊습니다. 2D 프린터가 활자나 그림을 인쇄하듯이 입력한 도면을 바탕으로 3차원 입체 물품을 만들어냅니다. 3D 프린터는 본래 기업에서 물건을 제품화하기 전에 시제품을 만드는 용도로 개발되었습니다.

플라스틱 소재에 국한되었던 초기 단계에서 발전하여 나일론과 금속 소재로 범위가 확장되었고, 산업용 시제품뿐만 아니라 여러 방면에서 상용화 단계로 진입했습니다.

실제로 구조가 정밀한 총을 3D 프린터로 만들기도 했으며, 설계도만 있으면 자동차나 집까지 지을 수도 있습니다. 의료계에서는 환자에게 딱 맞는 인공관절이나 인공장기를 만드는 등 높은 정밀도가 필요한 분야에 3D 프린터를 활용하고 있습니다.

생산 분야에서 혁신을 가져올 것으로 기대되는데, 형상이 복잡한 물건을 쉽게 만들 수 있고 대량 생산이 가능해졌기 때문입니다. 따로 주물 틀을 만들어 제품의 샘플을 만들지 않아도 되므로 바로 생산이 가능해졌고 시장의 반응을 즉각 확인할 수 있으므로 저비용으로 시장 반응을 파악할 수 있다는 큰 장점이 있습니다.

유통 분야에서도 활용할 수 있습니다. 제품을 생산해서 원하는 지역으로 배송하기 위해 물류 창고와 배송 트럭과 같은 운송 수단 없이 필요한 지역에서 직접 물건을 생산할 수 있습니다. 가령, 치킨을 원한다면 집 앞에서 따끈하고 바삭한 치킨을 바로 만들어 줄 수 있습니다. 설계도와 재료만 있다면 유통하고 보관하고 배송하면서 변질, 도난, 파손되는 불편함 없이 다양한 주문에 맞춰 즉시 제조가 가능해집니다.

블록체인 기술은 3D 프린팅 기술이 발전했을 때 오리지널 제품의 디자인이나 조합 비율, 설계도면 등의 각종 상품 비밀과 보안을 보호하고 기존의 순차적인 방식에서 벗어나 언제 어디서나 동시에 생산과 판매가 이루어지도록 새로운 형태의 판매 방식을 얼마든지 만들어낼 수 있도록 돕습니다.

(5) 구름 속의 클라우드 컴퓨팅

클라우드 컴퓨팅은 인터넷상의 서버를 통하여 데이터 저장, 네트워크, 콘텐츠 사용 등 IT 관련 서비스를 한 번에 사용할 수 있는 컴퓨팅 환경을 말합니다. 정보가 인터넷상의 서버에 영구적으로 저장되므로 이용자는 이 정보를 각종 IT 기기를 통하여 언제 어디서든 이용할 수 있다는 개념입니다.

클라우드의 어원은 구름cloud인데, 보이지 않는 상태로 존재하는 하드웨어 · 소프트웨어 등의 컴퓨팅 자원을 자신이 필요한 만큼 빌려 쓰고 이에 대한 사용요금을 지급하는 방식의 컴퓨팅 서비스입니다. 서로 다른 물리적인 위치에 존재하는 컴퓨팅 자원을 가상화 기술로 통합해 제공하는 기술입니다.

클라우딩의 장점은 자원 활용도를 최대한으로 높일 수 있으며, 개인이나 기업이 데이터를 저장하여 유지, 보수, 관리하기 위해 들어가는 비용과 서버의 구매 및 설치 비용, 업데이트 비용 등 엄청난 시간과 인력, 에너지를 줄일 수 있습니다.

만약, 중요한 정보를 PC에 보관할 경우 하드디스크 장애로 자료가 손실될 수 있지만, 클라우드 컴퓨팅 환경에서는 외부 서버에 자료를 저장하므로 안전하게 보관하고 저장 공간에도 제약이 없습니다. 따라서 언제 어디서든 자신의 데이터를 열고 수정할 수 있습니다. 가령, 아이 사진은 컴퓨터에 저장하기에는 용량이 크고 컴퓨터 장애로 사진을 모두 손실할 수 있고, 컴퓨터를 바꿀 경우 다시 저장해야 하는 어려움이 있었지만, 클라우드 환경에 저장하면 언제 어디서든 저장 공간의 제약 없이 열람할 수 있습니다.

그러나 서버가 해킹당할 경우 개인정보가 유출될 수 있고, 서버 장애가 발생하면 자료 이용이 불가능하다는 단점도 있습니다. 클라우드는 불투명한 반면, 블록체인은 투명합니다. 블록체인은 데이터를 분산화하여 처리하고 데이터를 모든 참여자가 공유하므로 투명성이 높습니다. 참여자가 데이터의 무결성을 보증하는 역할을 하므로 데이터를 조작하기는 불가능합니다.

04

블록체인이 가져올 일상의 변화

블록체인은 상품 또는 자산 거래 기록을 참가자에게 분산된 장부에 암호화해 공유하는 기술입니다. 블록체인에서 다룰 수 있는 거래 유형은 비트코인 같은 가상통화를 비롯해 정보, 음원, 콘텐츠, 저작권 등의 디지털 자산뿐만 아니라 다이아몬드, 돼지고기, 자동차 등의 유형 자산 거래도 가능합니다.

은행이 중앙관리자가 필요한 이유는 공식적인 증명, 등기, 인증 등이 필요했기 때문입니다. 그러나 블록체인은 다수가 데이터를 저장하여 증명하기 때문에 중앙관리자가 필요하지 않아 화폐 발행이 가능해졌습니다. 비트코인 같은 가상화폐가 등장하게 된 것도 블록체인의 이러한 기술 덕분입니다.

비트코인을 원하면 직접 채굴해서 발행할 수 있습니다. 그래서 일각에서는 블록체인이 중앙기관과 은행을 대체할 것이라는 극단적인 전망을 하기도 했지만, 당장 모든 중앙기관을 대체하기에는 어려울 것으로 보입니다.

또한, 블록체인은 분산 저장을 한다는 점이 특징입니다. 기존 거래 방식은 은행의 중앙 서버를 공격해야 해킹할 수 있었습니다. 은행과 카드사는 꾸준히 해킹을 당하며 고객의 신용정보가 누출되는 크고 작은 사건이 있었습니다. 그러나 블록체인은 여러 명의 데이터를 저장하므로 위조나 변조가 불가능합니다. 만약, 그런 일이 생기려면 참여자의 모든 데이터를 한 번에 공격해야 하므로 사실상 불가능합니다.

따라서 블록체인이 가진 높은 신뢰성과 보안성 덕분에 네트워크를 더 안전하게 만드는 기술이 필요한 산업 전 분야로 확산될 것으로 보입니다. 블록체인 기술은 중앙관리자를 따로 필요로 하지 않는 4차 산업혁명에 맞춘 새로운 시스템이라고 할 수 있습니다.

신뢰도가 낮은 분야에서부터 블록체인은 점차 영향력을 발휘하며 서서히 일상을 바꾸어갈 것입니다. 복잡한 보험금 청구, 중고차 거래 시장의 사고 내역, 저작권 문제, 믿을 수 없었던 농산물 유통과정, 축산물 이력 관리, 부동산 거래, 전자 투표 시스템 등 우리의 일상생활은 한 단계 더 편리해지고 윤택해질 것입니다. 따라서 앞으로 땅문서를 들고 도망가거나 인감을 위조하거나 이중계약으로 사기를 당할 일은 없어질 것입니다.

(1) 금융산업 분야: 주식 및 보험금 청구

'미래의 기술'로 주목받고 있지만, 실생활과는 거리가 멀어 보였던 블록체인 기술이 일상적으로 이용하는 금융시스템 곳곳에 스며들고 있습니다. 블록체인을 이용한 비상장주식 거래 플랫폼들은 기존 시장의 문제점에 대해서 공통적인 시각을 가지고 있습니다.

일반적으로 주식을 거래하려면 규정상 까다로운 몇 가지 조건을 충족시켜야 합니다. 한국거래소에 정식으로 상장하려면 회사 설립 후 3년이 지나도록 영업 중이어야 하며, 코스피는 자기자본금 300억 원 이상, 최근 매출액 3,000억 원 이상 등의 규모를 갖춰야 합니다. 코스닥은 자기자본금 30억 원 이상 혹은 시가총액이 90억 원 이상이어야 상장됩니다.

벤처기업이나 기술성장기업과 같은 스타트업 기업에 대해서는 규제가 다소 완화되긴 했지만, 일정 기준은 충족해야 합니다. 따라서 아직 상장 요건을 갖추지 못한 회사는 어쩔 수 없이 장외에서 주식 거래를 해야 합니다.

그런데 블록체인으로 거래소 없이 새로운 플랫폼에서 이 문제를 해결할 수 있습니다. 협업사들이 가지고 있는 우수한 인프라를 통해 양질의 스타트업을 발굴하거나 우수한 스타트업의 기반을 만들어 협업사들을 통해 스타트업의 다각적인 평가를 진행하고 이 정보를 투자자에게 공개합니다.

<비상장 주식 마켓 플랫폼 그림 예시>

출처: 비상장 주식 마켓 플랫폼 사진=코스콤

기존의 비상장 주식 플랫폼과 달리 신설된 플랫폼에서는 제공된 정보를 통해 판단하고 매도자와 매수자가 실시간으로 만나서 거래를 체결할 수 있으며 그 거래와 관련된 정보가 블록체인에 기록됩니다. 그러면 투명하게 공개되고 거래 속도도 빨라집니다. 이는 기존의 비상장 주식 거래에서 나타나는 체결 주체에 대한 불확실성과 정보 비대칭성을 완화하는 데 큰 도움이 됩니다.

스타트업은 누가 자신에게 관심이 있는지 몰라서 주식을 못 팔고, 투자자는 어떤 스타트업이 투자를 원하는지 몰라서 주식을 못 사는 일이 빈번했지만, 전용 플랫폼이 생기면 문제를 해결할 수 있습니다.

블록체인을 활용함으로써 투자자는 신뢰할 수 있는 데이터를 바탕으로 안전하게 거래할 수 있고, 기업은 자금 확보가 용이해지면서 긍정적으로 발전해갈 수 있습니다.

보험은 가입하기는 쉬웠지만, 설계사가 가입을 적극적으로 권유했을 때와는 달리 보험금을 타기는 무척 번거로운 과정이 많습니다. 본인 진료기록과 진단서, 영수증 등이 필요하며 200만 원이 넘을 때는 원본과 함께 첨부해야 할 서류가 많습니다. 그래서 1~2만 원 정도의 소액보험금 청구의 경우는 지급률이 70%에도 미치지 않습니다.

그러나 보험업계에서도 블록체인을 활용하여 보험금을 자동으로 지급하기 시작했습니다. 100만 원 미만의 소액보험금은 고객이 먼저 청구하지 않아도 병원에서 진료기록 사본을 보험사로 자동 전달하고 모든 절차를 블록체인에 기록해 보험금을 받을 수 있습니다. 보험금 청구 후 심사를 거쳐 계좌로 송금하기까지 거의 하루 안에 끝나면서, 바쁘고 번거로워서 미처 보험금을 청구하지 못했던 사람들이 줄어들 것으로 예상됩니다.

정부에서 주관하는 '사물인터넷IoT 활성화 기반 조성 블록체인 시범사업'의 일환으로 보험업계에서 진행 중이며, 우선 내부 직원을 대상으로 인제대상계백병원, 삼육서울병원, 가톨릭대성빈센트 병원에서 시행하고 있습니다.

금융산업 분야에 블록체인 기술을 적용하면서 정보를 중앙에서 통제하는 중앙집중형 네트워크에서 네트워크 참여자 모두가 정보를 보유하는 분산형 네트워크 기술로 발전해가고 있습니다. 자료 위변조가 불가능하고 모든 거래를 참여자가 볼 수 있어 보안성과 투명성이 높기 때문입니다. 특히, 모든 거래 내역이 기록된다는 점을 이용해 부정거래를 방지하고 송금 및 결제 속도 향상, 수수료 절감, 스마트 계약일정 조건을 만족시키면 자동으로 거래 실행을 통한 업무처리 자동화 등의 효과를 누릴 수 있습니다.

블록체인을 이용한 보험 가입 및 청구 데이터망을 구축하여 실시간으로 데이터를 확인하게 되면 보험사는 계약자를 더욱 신뢰할 수 있게 되고 계약 관리 면에서도 효율성이 높아집니다. 특정 시기에 여러 보험사에 중복으로 보험을 가입하면서 보험 사기를 의심만 했을 뿐 검증할 방법이 없었지만, 이제 블록체인으로 검증하면 보험 사기가 의심되는 계약을 원천적으로 차단할 수 있습니다.

블록체인 기반의 분산형 금융시스템에서는 안전하고 효율적인 금융 거래가 가능하며, 기존 금융체제의 부족한 부분을 보완하는 역할부터 시작해 앞으로 제2금융권이나 P2P개인 간 대출 등의 영역까지 확대되어 금융 시스템이 발전해갈 것입니다.

특히, P2P 보험은 계약자가 보험 심사부터 보험금 지급 심사까지 모든 절차를 스스로 결정하는 플랫폼입니다. 만약, 항공 지연 보험 플랫폼에 가입했을 때 계약자가 타려는 항공기가 지연되었을 경우 항공교통 데이터망과 연결된 보험사가 계약자가 직접 보험금을 청구하지 않아도 자동으로 즉시 보험금을 지급합니다. 마찬가지로 계약자가 병원에 병원비를 수납하고 서류를 직접 떼어 보험금을 청구해야 했던 기존과 달리 병원비를 수납함과 동시에 블록체인 플랫폼 안에서 서로 데이터를 확인하고 공유하면서 즉시 계약자의 통장으로 보험금이 지급됩니다.

금융산업 분야에 블록체인 기술을 적용하면 은행 업무에 접근할 수 없었던 제3세계 국가의 사람을 포함해 전 세계 수십억 명이 스마트폰으로 간편히 금융 서비스를 이용할 수 있습니다. 또한, 신용카드로 결제한 비용이 실제 판매자의 계좌에 입금되기까지 신용카드사 외에 다수의 중개자를 거치면서 최종 정산까지 일주일 이상의 시간이 걸리고 수수료까지 부담해야 하는 현재의 중앙집중화형 금융 시스템을 새롭게 변화시키며 효율성을 높이는 등 블록체인은 기존의 여러 문제를 해결할 수 있습니다.

〈블록체인의 금융산업 분야 적용 사례〉

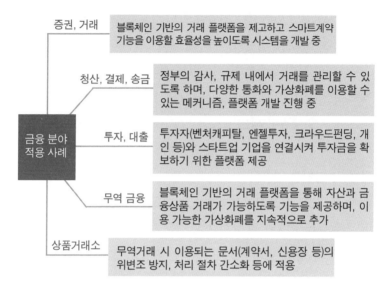

출처: 〈디지털 사회 2.0〉 중에서

(2) 의료산업 분야: 의료 정보 관리 및 유전자 데이터 공유

의료산업 분야는 블록체인을 도입했을 때 가장 큰 변화가 예상
되는 분야입니다. 누구나 병원을 옮기면 다시 검사를 받으면서 돈

과 시간을 낭비한 경험이 있을 것입니다. 매년 건강검진을 할 때 병원을 바꾸면 진료기록이 연동되지 않아 불편한 점이 많습니다. 이러한 중복 검사는 환자뿐 아니라 의사의 진료 능률도 떨어뜨리는데, 이런 일이 반복되는 이유는 의료 정보를 개별 의료기관에서 각각 관리하기 때문입니다.

의료산업 분야에서는 현 의료정보 시스템에 '블록체인'을 처방해보자는 아이디어에서 출발했습니다. 의료기관이 아닌 '개인'이 의료 정보 플랫폼이 되는 새로운 의료 생태계를 제시하게 됩니다. 현재 환자의 진료기록, 처방, 진단, 검사기록 등과 같은 각종 데이터는 각 병원의 전자의무기록이나 종이 차트에 기록됩니다. 이런 데이터는 모두 블록체인을 기반으로 정확성, 신뢰성, 보안성, 접근성 등을 높여 적용할 수 있습니다.

병원이나 정부, 회사가 의료 정보를 쥐고 관리하는 것이 아니라 개인이 직접 관리하고 통제할 수 있습니다. 이때 개인이 가진 의료 정보가 진본임을 증명해야 하는데, 투명하고도 안전하게 의료 정보를 관리할 시스템이 필요합니다. 바로 블록체인 기술을 접목하면 가능합니다.

개인이 플랫폼이기 때문에 휴대용 의료기기에서 생성된 데이터도 같이 모을 수 있으며, 지역은 물론 국경을 넘나들며 데이터를 주고받으면서 서비스를 받을 수 있게 됩니다.

예를 들어, 개인은 병원에서 각종 검사와 진료를 통해 전자문서 형태의 의료 정보를 받습니다. 이 정보는 탈중앙화 된 저장소에 암호화된 상태로 저장됩니다. 의료 정보는 용량이 매우 크기 때문에 블록체인 밖에 저장하고 해시값만 블록체인에 저장하여 정보를 실제로 사용할 때 진본 여부를 확인합니다. 개인의 휴대용 의료기기를 통해 생성된 정보도 똑같이 관리할 수 있습니다. 따라서 의료진은 플랫폼에 올라온 환자의 의료 정보를 바탕으로 불필요한 중복 검사를 피할 수 있습니다.

의료 정보뿐만 아니라 인간의 유전자 정보 역시 블록체인을 기반으로 쉽게 확인하며 접근할 수 있게 됩니다. 전 세계적으로 유전자, 단백질체 등의 연구로 생성된 정보를 분석하여 얻은 정보를 활용한 정밀 의료가 진행되면서 유전자 공유에 대한 요구가 커지고 있습니다.

유전자 정보는 현재 질병에 대한 이해 및 연구, 새로운 진단 및 치료제 개발을 위해 활용되는 실정입니다. 그러나 유전자 정보의 보안과 관리에 대해 표준화된 규제가 없는 현실에서 개인 정보가 무분별하게 공개되면 심각한 문제가 발생할 수 있습니다. 이때 해킹 가능성이 적고 위조 및 변조가 불가능한 블록체인을 기반으로 하면 개인이 자신의 의료 정보에 쉽게 접근할 수 있습니다.

연구를 위해 기증된 유전자 정보의 분석 정보는 기증자는 알 수 없으며, 기업의 소유였습니다. 많은 연구소와 제약회사, 유전자 회사가 개인의 유전자 정보를 팔아 돈을 벌고 있다는 사실은 기증자 개인도 전혀 알지 못하는 실정이었습니다.

그러나 유전자 분석 서비스를 블록체인을 통해 활용하면 유전자 데이터의 관리 및 유통, 보관, 연구 결과 등 어떤 목적으로 어떻게 사용되는지 투명하게 관리할 수 있으며 유지 비용도 낮추는 효과가 있습니다.

모든 거래를 투명하게 할 수 있는 블록체인 기술로 유전자 정보도 소유자가 투명하게 관리하고 더 나아가 여기에서 발생한 수익에 대해서도 정당한 권리를 요구할 수 있는 구조를 만드는 것이 블록체인 기술이 필요한 이유입니다.

(3) 디지털산업 분야: 음원 유통과 저작권 관리

전 세계적으로 불법 음악 콘텐츠의 규모는 2017년 기준 약 32조 원에 달하며, 2022년에는 50조 원에 이를 것으로 전망됩니다. 음악, 동영상, 게임 등 5년간 175만 건의 불법 복제물이 판을 치고 있는 상황에서 문화체육관광부는 42억900만 원의 과태료 징수결정을 하고도 실제 수납액은 4,900만 원에 불과한 것으로도 확인됐습니다. 이처럼 음악 저작권이 보호받지 못하는 현실에서 블록체인이 해결 방안으로 떠오르고 있습니다.

음악 저작권은 출판이나 미디어보다 더 복잡한 편입니다. 저작권이 가수에게 있지 않은 경우가 많고, 여러 사람에게 나뉘어 있는 경우가 많습니다. 또한, 현재 음악 저작권의 정산 시스템 데이터의 기반은 전적으로 사용자의 보고에 달려 있습니다. 방송 콘텐츠와 관련해서 음악을 사용하고 보고할 때는 큐시트 내에서 사용한 음악과 시간을 사용자가 작성하여 해당 권리자또는 협회에게 발송합니다. 하루에도 수많은 곳에서 음악을 사용하는데 이를 관리하는 권리자의 인력은 한없이 부족합니다. 또한, 사용자가 발송한 리스트가 정확한지 일일이 확인하는 것도 사실상 불가능합니다.

더구나 음악 산업은 저작권뿐 아니라 중개인 수수료, 불법 다운로드와 스트리밍 등 구조적으로 여러 문제점이 있는데, 이것을 근본적으로 해결할 수 있는 기술이 바로 블록체인입니다. 디지털 저작권 시스템이 구축되고 보편화된다면, 권리자는 자신의 음악 사용량, 사용처를 확인하는 일이 정확해지고 쉬워질 것이며 이에 대한 정당한 권한을 행사할 수 있게 됩니다.

반대로 이용자도 권리자에게 정당하게 이용 허락을 받을 방법이 생기므로, 억울하게 저작권 침해로 인한 피해나 쓰고 싶어도 이용 허락을 받지 못하는 피해에서 벗어날 수 있습니다. 분산화된 디지털 음악 생태계를 구축해가면서 재능 있는 아티스트를 발굴하고 좋은 음악을 생산하여 소비하기까지 음악 산업의 전 과정에 누구나 참여할 수 있도록 구성하는 힘은 블록체인 기술에 있습니다.

블록체인 기술은 불법 다운로드와 같은 해킹 등의 문제점을 해결하고 안정적인 서비스를 제공하면서 음원 유통 시장에서 무분별한 음원 복제가 불가능하도록 막을 수 있습니다. 그래서 완벽하고 강력하게 저작권 보호를 실현할 수 있습니다.

더 나아가 미디어 콘텐츠 산업에서 블록체인은 저자, 뮤지션, 영상 제작자 등 저작권 소유자가 이용자와 직접 연결하여 계약이나 저작권에 대한 데이터를 제작자가 스스로 통제할 수 있도록 합니다. 블록체인 기술은 거래 투명성을 강화하여 저작권 소유권을 명확하게 규정하고 관리뿐 아니라 저작권료를 합리적으로 지급하는 데도 큰 도움을 줄 수 있습니다.

(4) 생활 거래 분야: 부동산 거래 및 중고차 거래

블록체인은 더욱 간편한 금융을 뒷받침하는 인프라 역할을 할 수 있습니다. 블록체인 특유의 개방성과 탈중앙화, 투명성은 민감한 정보인 금융데이터 보안에 특히 적합합니다. 블록체인은 패러다임의 변화를 이끌 전망입니다. 기존의 중앙화되고 폐쇄적인 금융이 보편과 평등을 지향하는 인터넷 본연의 가치를 닮아가게 될 거란 기대감이 큽니다. 특히, 금융 서비스에 탈중앙화를 적용하면 공정하고 평등한 인터넷 가치를 구현할 수 있게 됩니다. 또 불필요한 중개나 계약하는 과정을 생략할 수 있습니다. 거래 비용과 시간을 단축할 수 있기 때문에 이미 다양한 분야에서 활용되고 있습니다.

예를 들어, 대형 쇼핑센터에 1만 개가 넘는 매장의 세입자와 부동산 거래를 하려면 대부분 은행 보증에 의존해 점포와 부동산을 임대해왔습니다. 그러나 보증 관련 업무는 은행, 임대인, 임차인의 일정을 고려해야 하므로 거래가 성사되기까지 몇 주나 시간이 걸렸고 문서를 보관하고 관리하는 데도 많은 수고와 노력이 필요합니다.

그뿐만 아니라 보증 문서를 임의로 수정하거나 조건을 변경할 때는 복잡한 절차를 반복해야만 했습니다. 이런 문제를 해결하려면, 서면으로만 이루어지던 은행 보증 과정을 블록체인 기술을 활용해 디지털 문서로 간소화하면 됩니다. 그러면 불필요하게 낭비됐던 시간과 노력을 더욱 효율적으로 활용할 수 있습니다. 즉, 몇 주가 걸리던 협상 및 계약 변경을 단 몇 시간 만에 끝낼 수 있습니다.

임대인과 임차인이 디지털화된 보증 문서에 동의하면 이 문서는 안전하고 투명하게 블록체인 원장에 저장되고, 다음에 임대료 인상과 같은 이슈가 있을 때는 온라인에서 디지털 방식으로 간편하게 처리할 수 있습니다. 이렇게 서면 중심의 보증 체계가 디지털화되면 계약의 안정성과 보안성은 높아지고 복잡한 과정과 관리는 더 쉬워집니다.

앞으로 많은 서류가 필요했던 금융 거래나 부동산 계약 과정에 블록체인이 더 많이 활용되면 투명성과 안정성이 한층 더 높아져 쉽고 간편하게 업무를 처리할 수 있습니다.

이미 세계의 많은 기업이 블록체인 기술에 높은 관심을 기울이고 있는 만큼 다양한 산업군에서 서면으로 이루어지던 프로세스가 블록체인을 활용해 디지털화되는 사례가 점점 늘어나고 있습니다.

이러한 블록체인 기술을 활용한 생활 거래에는 중고차 거래를 빼놓을 수 없습니다. '오늘도 평화로운 중고나라' 라는 말이 있듯 중고시장은 가파르게 성장하고 있지만, 그 이면에는 고질적인 병폐가 많습니다. 비매너 거래자와 사기꾼이 판을 치고 거래하기 매우 힘들며 스트레스를 받을 일이 많습니다.

우리나라 중고 거래 규모는 빠르게 증가하고 있습니다. 국내 최대 중고 거래 플랫폼 중고나라에 따르면 2018년 거래액은 3,421억 원에 달합니다. 모바일 중고마켓 번개장터 거래액은 2,591억 원 규모입니다. 유통업계는 국내 중고시장 규모를 10~20조 원으로 추정합니다.

문제는 중고 거래 시장이 커지면서 사기도 함께 증가하고 있다는 점입니다. 경찰청 사이버안전국이 집계한 인터넷 사기 발생 건수는 2014년 5만6,667건에서 2018년 11만2,000건으로 97.6% 증가했다고 발표했습니다. 이에 따른 피해금액도 눈덩이처럼 커집니다. 인터넷 사기 피해 정보공유 사이트 더치트에 따르면, 2006년부터 2018년까지 피해 금액은 1,296억7,405만 원에 달합니다. 그중 지난 4년간 누적된 피해 금액은 661억3,858만 원으로 9년간 2006~2015년 피해 금액인 635억3,547만 원보다 많습니다.

이에 블록체인을 활용해 중고거래 문제를 해결하자는 움직임이 일고 있습니다. 특히, 중고차 거래에 블록체인 기술을 적용하면 중고차 이력 관리 시스템에 위조 및 변조를 사실상 완전히 차단할 수 있게 됩니다. 중고차 시장은 사고 차를 속여 비싼 값에 판다든지, 주행거리를 조작하고, 침수 흔적을 감추거나, 사고 규모를 축소하는 사기 및 범죄 행위가 빈번하게 발생합니다. 이러한 피해가 자꾸 생기는 이유는 중고차 매매 과정에서 차량 성능 점검 서류를 쉽게 조작할 수 있기 때문입니다.

중고차 매매는 일반적으로 중고차 매입, 차량 성능 점검, 중고차 판매순으로 이루어지는데, 일부에서 이를 악용해 성능점검 기록부를 위조하거나 다른 차량의 기록과 바꿔치기하는 수법으로 소비자에게 거짓 정보로 차를 비싼 값에 팔아넘기는 사례가 빈번합니다.

그러나 블록체인을 중고차 거래에 활용하면 이런 일을 원천 봉쇄할 수 있습니다. 신차가 출시됨과 동시에 자동차의 생산 정보 등을 담은 블록을 만들면 됩니다. 이후 이 차에 어떤 변화가 생기든 제조사, 보험사, 정비회사, 공공기관이 새로운 데이터로 블록을 생성해 상호 검증을 거쳐 기본 블록과 체인으로 연결합니다.

사고가 발생하면, 정비회사의 수리 내역이 새로운 블록으로 만들어지면서 제조사, 보험사, 공공기관 등에 자동으로 공유됩니다. 이후 차량 주인이 정비 기록을 삭제하려고 해도 이미 블록으로 생성되어 체인으로 연결되었기 때문에 수정이 불가능합니다.

이러한 장점으로 인해 이미 많은 기업이 블록체인 기반 차량 이력 시스템을 구축하는 데 심혈을 기울이고 있습니다. 대기업인 현대자동차와 계열사인 현대오토에버, 현대글로비스, 블록체인 기술 기업 블로코, 정보기술IT 솔루션 회사 ABC솔루션 등은 힘을 합쳐 블록체인 기반 중고차 거래 플랫폼 사업을 추진 중입니다. 국내에서는 삼성SDS가 서울시와 함께 장안평 중고차 매매시장에 블록체인 기술을 적용하는 블록체인 선도 사업 등을 추진 중입니다.

　기존의 정보 수집 시스템은 기관별로 운영돼 수집되는 정보가 제한적이고, 해킹 등 사이버 공격 대상이 되는데, 블록체인을 활용해 일관성 있는 정보수집 시스템이 운영된다면, 보다 폭넓게 정보를 수집할 수 있을 뿐 아니라 피해정보 수집 시스템을 활용하려는 여러 플랫폼에 일관된 정보를 제공할 수 있게 됩니다. 블록체인은 중앙 서버를 통제하는 중개자 없이 개인 간의 거래를 보장해줍니다. 데이터 생성, 수정, 거래의 모든 과정을 네트워크에 분산 저장함으로써 누구나 언제든 조회가 가능하게 되면서 데이터의 투명성과 안정성을 보장합니다.

(5) 유통산업 분야: 안전한 먹거리 유통

　블록체인 기술이 적용된 농산물을 수출하면 수입자는 해당 제품의 품질을 신뢰하게 되고, 수출 단계에서 발생한 문제도 즉각적으로 확인할 수 있습니다. 한국 농산물을 수입하는 바이어 역시 해당 국가에서 농산물 신뢰 마케팅을 펼칠 수 있습니다. 과거의 소비자들은 농산물을 구매할 때 가격을 중요하게 여겼지만, 최근엔 안전성을 중시하는 경향이 강해지고 있다는 사실을 간과해선 안 되기 때문입니다.

블록체인 기술이 유통 관리에 도입되면, 유통 정보를 투명하게 공유할 수 있습니다. 블록체인 기술을 활용하면 생산에서부터 소비까지 모든 거래 참여자가 관련 정보를 공유할 수 있으며 다양한 멀티기기로 정보를 즉각 확인할 수 있게 됩니다. 소비자는 구매하려는 농식품이 언제 어디에서 생산되어 마트까지 왔는지 스마트폰으로 한눈에 확인할 수 있습니다. 수입 농식품도 원산지나 유통기한 등을 바로 살펴볼 수 있습니다. 게다가 식품에 문제가 생겼을 땐 유통 과정을 쉽게 역추적할 수 있어 오염이 어디에서 발생했는지 바로 확인하고 즉각 조치할 수 있습니다.

이런 시스템을 통해 소비자는 신뢰할 수 있는 정보를 통해 농산물이 안전하디고 여기게 됩니다. 그러면 농산물이 제값을 받도록 도와줄 것입니다. 또한 블록체인 기술을 통해 투명하게 제공되는 농산물의 생산·유통 정보는 생산자인 농민을 신뢰하는 토대가 되어 국산 우수 식자재의 소비를 촉진하게 됩니다. 또한 블록체인 기술을 통해 축적된 정보로 농산물 수급을 미리 예측해 계약 재배와 기획 생산을 확대할 수 있어 농가 소득 증대에도 기여할 수 있습니다.

이러한 장점으로 인해 블록체인 기술은 농산물 유통의 안정성을 월등하게 높이는 데 활용할 수 있어 농산업 분야에도 한 획을 그을 전망입니다. 실제 선진국에선 블록체인 기술을 농산물 유통에 활발하게 접목하고 있습니다.

네덜란드의 슈퍼마켓 체인인 알버트 하인이 그 예입니다. 알버트 하인은 음료회사인 레프레스코와 협력해 오렌지가 브라질에서 네덜란드로 오기까지 모든 정보를 블록체인 기술과 접목한 큐알QR 코드에 담았습니다. 이를 통해 앨버트 하인의 소비자는 스마트폰으로 해당 제품의 QR 코드를 스캔하면 오렌지의 수확 시기와 당도, 제조공정·유통 이력 등을 5초 내에 확인할 수 있습니다.

유럽의 유통업체인 까르푸는 방사해 사육한 닭의 생산 이력을 추적하는 데 이미 블록체인 기술을 이용하고 있으며, 달걀·치즈·우유·연어 등 신선도가 중요한 식품으로 도입범위를 넓히고 있습니다.

일본의 경우 이노랩이 유기농산물 품질검증시스템에 블록체인 기술을 활용하고 있습니다. 이노랩은 블록체인 기술 덕분에 소비자로부터 신뢰를 얻어 매출 증대에 큰 도움을 받고 있습니다.

중국 월마트도 블록체인 기술을 이용해 중국산 돼지고기와 미국산 망고의 제조·유통 정보를 소비자에게 제공하는 서비스를 시작했습니다. 과거에는 제품 이력과 유통 정보를 확인하기까지 수주일이나 필요했던 시간을 블록체인 기술을 활용해 20초 내로 단축할 수 있었습니다.

우리나라는 농림축산식품부와 과학기술정보통신부가 블록체인 기술 및 사물인터넷IoT을 접목한 축산물 이력관리시스템을 전북 지역에 시범 구축하여 운영하고 있습니다. 또한 aT한국농수산식품유통공사 사이버거래소에 블록체인 기술을 접목하면서 공공급식지원 센터 플랫폼 운영을 통해 물류·유통·안전관리가 확보된 '식자재 안전 공급채널' 을 구축하고 있습니다.

이처럼 블록체인 기술은 기존 중앙 집중형 서버에 모든 데이터를 보관하는 방식과는 달리 사슬처럼 엮인 형태의 데이터를 모두 공개함으로써 위변조가 불가능하도록 분산화된 시스템을 구현하는 기술입니다. 이러한 데이터의 신뢰성이 생명인 유통, 거래, 금융 분야에서 많이 활용될 것으로 기대됩니다.

Part 3

새로운
비즈니스 기회

01

이동통신 사업의 확장성

1970년대만 해도 "먹는 장사는 망하지 않는다"라는 말이 있었습니다. 당시에는 먹고사는 것이 가장 큰 문제였습니다. 2000년대가 되면서 더 이상 '먹는 것'으로는 큰 부가가치를 가질 수 없게 되었습니다. 어떤 아이템으로, 어떤 서비스로 승부하느냐가 더 중요해졌습니다. 가령, 같은 갈비를 팔아도 더 서비스가 좋고 맛있는 갈빗집으로 사람들이 몰리게 된 것입니다. 음식점은 공급 과잉 상태라고 할 만큼 서비스 경쟁 시장이 치열하며 신규 자영업 음식점 중에서 95%가 1년 안에 문을 닫는다는 통계도 있습니다.

그렇다면, 경제적 불황 속에서 꾸준히 소비자를 늘리며 수익을 낼 수 있는 사업은 정말 없을까요? IMF 시대에서도 살아남아 호황을 누리고, 불황을 타지 않으며 안정적으로 꾸준한 인기가 있는 사업으로는 이동통신 사업이 있습니다.

가입자 수는 극심한 포화 상태인데도 계속 성장을 거듭하고 있으며, 번호 이동 간의 이동이 활발해지면서 이미 고객이 된 사람들도 통신사를 바꾸면서 이용합니다. 폭발적인 가입자 증가와 함께 이용료가 증가하면서 성장은 매년 가속화되고 있습니다.

〈5G 송출 후 가입자 수〉

세계 최초 5G 전파 송출 1주년 주요 기록

2018년 12월1일	세계 최초 5G 전파 송출
2019년 4월3일	세계 최초 스마트폰 기반 5G 서비스 상용화
6월10일	5G 가입자 100만명 돌파
11월29일	5G 가입자 433만명

▶연내 5G 가입자 470만명 전망

그래픽: 김지영 기자

특히, 일반 고객 대상의 5G 서비스를 시작한 지 약 8개월 만에 가입자 수는 약 433만 명을 기록했습니다. 현재도 매주 약 8만 명 이상 가입자가 꾸준히 늘고 있으며 2019년 말까지 5G 가입자 수가 470만 명까지 증가할 것으로 전망되었습니다. 점차 5G가 확산되면 휴대폰을 5G 스마트폰으로 신규 교체하면서 지각 변동이 일어나게 될 것입니다.

이에 따라 이동통신 3사도 차별화된 5G 서비스를 개발하기 위해 노력하고 있습니다.

SK텔레콤은 AR · VR증강 · 가상현실, 온라인 동영상 서비스OTT, 클라우드 게임 같은 5G 이용자를 위한 다양한 상품을 출시했고, 그 결과 실감형 콘텐츠 누적 500만 뷰, 웨이브 140만 명 가입자 돌파 등의 성과를 냈습니다.

KT는 스마트팩토리, 자율주행, 스마트의료, 미디어 등 다양한 B2B 사업 분야에 5G를 활용한 실증 사업을 구체화하고 있습니다. LG유플러스는 5G 기술을 접목한 스포츠 · 공연 중계, AR · VR 등 차별화된 서비스를 통해 이용자들이 5G를 통한 일상의 변화를 느끼도록 하는 데 주력하고 있습니다.

앞으로 5G 28GHz 대역과 SAStand Alone 서비스가 시작되면서 통신 산업을 초월해 진정한 4차 산업혁명의 인프라로서 다양한 산업 분야에 활발하게 접목 및 활용되면서 디지털 전환이 본격화될 것입니다.

유비쿼터스 세상이 열려 기반이 확충되면서 통신 사업의 형태와 콘텐츠가 더 다양해져 지금과는 비교할 수 없을 정도로 시장이 커지게 되었습니다. 앞으로 펼쳐질 디지털 세상에서는 지금보다 훨씬 광범위한 서비스가 상용되고, 이로 인한 요금이 기하급수적으로 증가할 것입니다.

현대인은 휴대폰을 쓰지 않고는 살아갈 수 없는 사회에 살고 있습니다. 10대, 20대는 불황과는 상관없이 휴대폰이 하나의 생활문화로 받아들이며 최신 휴대폰과 비싼 요금에도 소비를 멈추지 않습니다.

이동통신 시장은 더 빠르고, 더 효율적이고, 더 다양한 콘텐츠를 요구하는 소비자의 요구에 맞춰 새롭게 진화하고 변화하고 있습니다. 이러한 거대한 흐름을 제대로 이해하려면 꾸준히 변화와 발전을 거듭하고 있는 이동통신 시장의 패러다임을 알 필요가 있습니다.

(1) 변화하는 통신 트렌드

MVNO는 가상 이동통신망 사업자로 일명 '알뜰폰' 입니다. 고객에게 이동통신 전화 서비스를 제공하지만, 주파수는 갖지 않은 사업자로 LGT, KT, SKT 사업자로부터 망을 임대해 이동통신 서비스를 제공합니다. 그로 인해 능력 있는 기관 사업자들을 시장에 참가시켜 경쟁 활성화를 통해 요금이 인하되는 효과가 있습니다. 일반적으로 가능기지국, 기지국 제어기 등을 임대하는데, 가입자 관리와 마케팅을 결합해 서비스를 제공합니다.

이러한 MVNO의 가장 큰 수익성은 바로 독자적인 시스템에 있습니다. 일반적인 판매와는 달리 독립적인 브랜드와 마케팅을 성립하고 활성화하여 강력한 소비자의 통제권을 확보하고, 차별화된 서비스를 제공합니다.

- 고객에게 이동통신 서비스를 제공
- 독자적인 모바일 네트워크 코드(SIM 카드에 기록되는 사업자 번호)보유
- 독자적인 SIM 카드 발행
- 직접 이동통신 교환국(HLR 포함)운용
- 자신의 주파수를 미보유한 사업자

다시 말해, MVNO는 개인이나 소규모 사업사가 대체 불가능한 이동통신 인프라인 기지국, 기지국 제어기, 무선전송 등을 임대하는 형식으로 이루어집니다. 거대 이동통신 사업자의 인프라를 이용하면서도 주 서비스 외적인 것들은 독립적으로 운용합니다. 무선 접속망 사용료를 호스트에게 지불하는 것 외에 수입 구조도 개인 대리점 수준과 동등합니다.

MVNO는 각자 자신만의 네트워크 식별번호가 있어 각 사업자가 자신의 통신망을 이용하는 전화를 구분해서 관리하는 것이 가능합니다. 서비스 종류, 가격과 품질, 인프라, 브랜드 등에서 기존 이

동통신 사업자와 비교해 결코 부족하거나 뒤지지 않습니다. 따라서 가입자가 서비스에 가입할 때 굳이 거대 통신사가 아닌 MVNO 사업자와 서비스를 논의해서 계약을 맺을 수 있게 됩니다.

세계적으로 40여 개국에서 200여 개 MVNO 사업자가 서비스를 제공하고 있으며 시장 규모도 매년 성장하고 있습니다. 이제 우리도 변화를 인지하고 그에 대비해 새로운 시도를 해야 할 때입니다. 큰 변화가 이루어지는 시기에는 돈을 버는 방식과 사업에 대한 생각도 바뀌어야 합니다.

(2) 5세대의 등장: 유비쿼터스

새로운 세상을 열어낸 디지털 패러다임은 20년간 총 5단계로 발전해 왔습니다. 통신을 통해 지역적 한계를 완벽하게 뛰어넘은 유비쿼터스 세계는 결코 하루 아침에 이루어진 것이 아닙니다.

이동통신 서비스는 1984년 1세대를 거쳐 현재 5세대 이동통신 기술5th Generation Mobile Telecommunication, 5G을 갖추기까지 다양한 기술이 개발되었습니다. 초고속·대용량·고품질 미디어에 대한 수요가 늘면서 4세대 이동통신이 수용할 수 있는 데이터 트래픽이 한계에 이르면서 5세대 이동통신 5G 시대가 열렸습니다.

1세대 이동통신부터 지금까지는 사람과 사람 간의 연결이었다면, 앞으로 초연결 사회에서는 사물 간 연결이 확장되고 나아가 사물과 사람 간의 소통을 통해 새로운 서비스 경험을 만들어낼 수 있습니다.

실제로 2018년 평창 동계 올림픽에서는 세계 최초로 5G 서비스를 선보이기도 했습니다. 5G 네트워크 장비를 구축하고 무선으로 LED 촛불을 제어하여 공연자들이 직접 조작하지 않고 촛불을 들고만 있어도 밝기와 깜빡임을 한번에 제어하여 멋진 퍼포먼스를 연출했습니다.

5G가 바꿀 미래는 단순히 통신 환경 개선에만 그치지 않습니다. 360도 가상현실, 3D 홀로그램 통화, 증강현실 등 미래형 콘텐츠를 3차원으로 경험할 수 있게 됩니다.

현재 모바일 네트워크 환경은 2G, 3G, 4G, LTE, 와이파이WiFi 등 다양한 형태로 구성되어 있습니다. 그래서 특정 장소에서는 특정 통신망만을 사용할 수 있었는데, 5G 시대에서는 해당 지역에서 사용 가능한 모든 네트워크 자원을 활용하여 가장 빠르고 안정적인 통신 서비스를 누리게 됩니다. 쉽게 생각해서 차선이 수십 개가 늘어나 수십 배나 더 빠르게 달릴 수 있는 확 트인 고속도로를 연상하면 됩니다.

	1G (1984~)	2G (1991~)	3G (2001~)	4G (2009~)	5G (2019~)
통신	Analog	CDMA (Code Division Multiple Access)	WCDMA (Wideband CDMA)	LTE (Long Term Evolution)	5G NR (New Radio)
주파수	-	-	800~900MHz, 1.7~1.8GHz		
			2.1~2.4GHz		3.4~3.7GHz 26.5~29.9GHz
기능	음성 / 문자	음성 /문자	+ 카메라 MP3 / 동영상 영상통화 게임 인터넷	+ 실시간동영상 영상통화	+ 3D화상통신 자율주행 V2X VR / AR Smart City
통신속도	14.4bps	144kbps	14.4Mbps	150Mbps	1Gbps

출처: 네이버 블로그 이미지

5G 시대는 하루 만에 이루어진 것이 아닙니다. 위의 도표처럼 35년 간 총 5단계를 거쳐 발전해왔습니다. 먼저, 1세대인 1G는 아날로그를 통한 음성서비스의 시대입니다. 1978년 시카고에서 시험한 AMPS 방식을 1984년 SK텔레콤이 도입해오면서 시작되었습니다. 사용자는 1만 명도 채 되지 않았고, 차량용이 대다수였습니다. 속도는 10kbps로 데이터 전송은 불가능했습니다.

시간이 흐르고 1세대의 단점이 드러나면서 각국에서는 통화 혼

선과 주파수 관리의 효율성을 위해 디지털 방식을 도입했습니다. 2G는 기존 아날로그 이동통신에서 디지털 형식으로 전환된 시기로 인프라가 확장되면서 전화와 문자가 가능해졌으며, 서비스 또한 큰 발전을 이루었습니다.

3G는 1998년에 나타나 2000년대부터 본격적으로 사용되었습니다. 지난 세대보다 통신 속도가 빨라졌으며, 동영상이나 영상통화와 같은 멀티미디어 통신기술이 추가되었습니다.

4G는 초고속 네트워크 시대로 데이터 처리 속도가 상당히 빨라졌으며, 동영상 스트리밍 기술이 발전했습니다. 지역과 시간의 한계를 뛰어넘어 언제 어디서나 자유롭게 손 안의 스마트폰으로 정보를 이용하여 편의를 추구하게 되었습니다.

5G는 이제 막 시작되었으며 최대 다운로드 속도가 20Gbps이며, 최저 다운로드 속도는 100Mbps인 이동 통신 기술입니다. 4세대 이동통신 속도가 300Mbps이므로, 약 70배 이상 빠르며, 현재 많이 사용하는 일반 LTE보다 280배 빠릅니다. 이 속도는 영화 한 편을 눈 깜짝할 사이에 보내거나 다운로드할 수 있는 속도입니다.

5세대 5G 네트워크가 전반적으로 도래할 가까운 미래에는 이전과는 다른 초고속, 대용량, 실시간, 초연결 서비스가 제공되어 모바일 기기뿐 아니라 모든 전자기기가 5G 네트워크를 통해 연결되어 새로운 부가가치를 창출할 것입니다.

02

세상을 바꿀 5G와 AI

5G 시대의 미래 비즈니스를 알려면 먼저 5G 기술의 특징을 알 필요가 있습니다. 5G는 초고속성이라는 특징을 지니는데, 현재 국민 대부분이 사용 중인 LTE보다 20배 빨라집니다. 2GB의 영화 한 편을 0.8초 만에 다운로드받을 수 있는데, 이는 고화질 영상을 스트리밍으로 바로 보는 속도나 다운받아서 보는 속도나 별 차이가 없습니다.

또한, 5G의 지연 속도는 0.01초로 지연시간이 거의 없어집니다. 지연시간이 없어진다는 것은 움직이는 물체를 발견하고 피하는 시간이 빨라져서 원격 제어가 가능해지는 시대가 온다는 것을 의미합니다. 자율주행차가 물체를 인식하고 멈출 때는 지연이 없어야 하며, 원격으로 수술할 때는 의사의 손 움직임을 지연 없이 곧바로 전달해야 하는데 5G에서 가능해집니다.

그래서 5G의 초저지연성은 향후 미래 비즈니스를 다양하게 변화시킬 것입니다. 자율주행은 물론, 원격 운전이나 원격 수술이 가능해집니다. 위험한 공정을 수행해야 하는 산업 현장이나 재난 현장, 의료 현장에서 5G를 이용한 원격 조종이 제공하는 가치는 매우 큽니다.

5G는 초연결성이라는 특징도 있는데 더 많은 단말기기에 동시 접속이 가능해집니다. 따라서 과거 수집에 한계가 있었던 수많은 정보를 모을 수 있습니다. 이로 인해 '사람과 사람 간'의 커뮤니케이션이 '사물과 사람 간'의 커뮤니케이션으로 가능해집니다. 스마트시티, 스마트 팩토리 분야에서 정보를 주고받는 기기가 기하급수적으로 늘어나는 추세입니다.

많은 기업과 사람들이 이러한 5G의 초고속성, 초지연성, 초연결성의 특징을 활용해 새로운 미래 비즈니스 시장에 뛰어들고 있습니다. 제조, 물류, 미디어, 금융, 유통 등 수많은 분야와 영역에서 5G를 활용한 새로운 서비스가 기획되고 개발되고 있습니다. 이렇게 수많은 정보가 있다고 하더라도 나에게 딱 맞고 필요한 정보만 추려내기는 어렵습니다. 개인 맞춤화 상품이 점차 증가하고 소비자가 여기에 열광하는 이유는 그러한 고민을 해결해주었기 때문입니다.

그렇다면, 미래 비즈니스라는 정보의 홍수 속에서 결정 장애에

빠지지 않고 내가 원하고 필요한 정보만 찾아낼 방법은 없을까요?

해결 방법은 AIArtificial Intelligence, 인공지능에 있습니다. 5G로 수많은 정보를 찾아냈다면, 이제 쌓여 있는 정보 중에서 내게 유의미한 정보를 파악하여 정리해주는 AI 솔루션이 필요합니다. AI는 컴퓨터가 인간처럼 생각하는 방식을 모방했습니다. 즉, 인간과 같이 사고하고 생각하고 학습하고 판단하는 논리 체계를 본뜬 고급 컴퓨터 프로그램을 말합니다.

AI는 검색과 번역뿐 아니라 모바일, 상거래, 물류, 자율주행, 자동차, 전자제품과 서비스 등 거의 모든 영역과 분야에 걸쳐 발전하고 있습니다. 그럼, AI는 무엇이며, AI가 가져올 사회 변화에 대해 알아봅시다.

(1) AI의 실체

AI 기술이 빠른 속도로 발전하면서 새로운 가치를 창출하여 새로운 시장을 개척하려는 기업이 늘어나고 있습니다. 정부에서도 AI 국가 전략을 제시하고자 하며, 삼성과 SK와 같은 대기업에서도 세상을 바꿀 기술을 하나만 꼽으라면 AI를 꼽습니다.

AI는 효율적인 의사 결정을 돕는다는 기술이 있기 때문입니다.

방대한 데이터를 기반으로 고객의 요구를 막연하게 파악했다면, 이제 AI로 세분화할 정도로 개인 맞춤형 정보를 제공할 수 있게 되었습니다. 과거에는 경쟁사가 금세 모방하여 추격해왔지만, AI 플랫폼과 연동된 서비스는 쉽게 모방하기가 어렵습니다. 또한, AI 플랫폼의 영향력을 확대하여 ICT 제품의 성능을 획기적으로 개선하여 경쟁사와 차별화할 수 있게 되었습니다. 여기에서 ICTInformation & Communication Technology란, 정보 기술Information Technology, IT과 통신 기술Communication Technology, CT의 합성어로 정보기기의 하드웨어 및 이들 기기의 운영 및 정보 관리에 필요한 소프트웨어 기술과 이들 기술을 이용하여 정보를 수집, 생산, 가공, 보존, 전달, 활용하는 모든 방법을 의미합니다.

AI는 기계와의 대회 방식 중 가장 직관적이며 자연스러운 방식으로 사용자가 기기와 서비스를 손쉽게 이용할 수 있도록 합니다. 인터페이스를 '손가락 터치' 라는 손쉬운 방식으로 기계를 사용할 수 있게 되었으며, 노년층과 장애인까지 소비자로 끌어들여 간단한 명령으로 디지털 기기를 편리하게 사용할 수 있게 함으로써 스마트 소비 촉진을 끌어냅니다.

AI 안에 머신 러닝Machine Learning 분야가 있고 머신 러닝 안에 딥 러닝Deep Learning 기술이 있습니다. 딥 러닝은 프로그래밍 기법의 하나인데, 말 그대로 기계가 사람처럼 학습해서 똑똑해지는 것을 말합니다. 어린아이는 개와 고양이를 구분할 때 사진 몇 장을 보여주면 다른 종류의 개와 고양이를 바로 구별합니다. 딥 러닝은 개와 고양이 사진을 수없이 입력하면서 학습을 시켜, 각 동물의 특징을 추출해 파악합니다. 그런 후에 보여준 적이 없는 새로운 사진에서 강아지와 고양이를 구분해서 인식합니다. 따라서 딥 러닝 능력의 핵심은 '피처feature 추출'에 있습니다. 피처에는 이미지뿐 아니라 주식, 언어, 음표, 그림 등 모든 정보가 해당됩니다. 이 정보로 데이터를 인식해 패턴화하여 주목할 만한 특징을 잡아내는 것이 딥 러닝입니다.

사람은 언어로 생각하고 소통하지만, 컴퓨터는 숫자로 생각하고 소통하므로 딥 러닝의 능력을 두 단어로 표현하면 '인식과 예측'에 있습니다. 딥 러닝 기술을 활용한 인공지능 바둑 프로그램 '알파고'가 이에 해당됩니다.

(2) AI가 바꾸는 미래 사회와 비즈니스의 모습

AI는 나보다 나를 더 잘 알 수 있습니다. 각종 센서와 데이터로 행동 패턴을 분석하여 사용자에게 가장 자연스러운 방식으로 정보와 서비스를 제공합니다. 몇 시에 일어나 언제 나가는지, 어떤 소비를 하며, 자동차는 어디에 주차했는지 정확하게 파악해냅니다. 이렇게 인간의 상황과 의도를 인지해 딱 필요한 정보를 제공하여 행동으로 이어질 수 있도록 실행하는 것이 생활환경 인공지능의 핵심 기술입니다. 알람시간에 맞춰 원하는 음악이나 뉴스가 켜지고, 출근을 위해 자동차 시동을 켜면 자동으로 네비게이션이 안내하는 방식입니다. 날씨를 알려주고 일정에 관련해 브리핑하거나 식당 예약 및 쇼핑몰 주문까지 가능해집니다.

AI는 온라인이나 모바일 영역뿐 아니라 오프라인인 유통, 헬스케어, 보안 분야에도 접목되어 활용됩니다. 앞으로는 사람 대신 위험한 상황에서도 스스로 판단하여 보안 및 24시간 서비스를 제공할 것입니다. 건강 관리나 진단에 활용되어 질병을 예방하는 데 큰 역할을 할 수도 있습니다.

또한, 자율주행차와 교통신호 체계가 개선되어 교통 혼잡이 크게 좋아질 것입니다. 환경오염 등 난제를 해결하여 삶의 질을 향상할 수 있습니다. 또한, 실시간 번역 및 통역으로 언어 장벽을 극복하고 커뮤니케이션이 활성화되어 외국인과 원활하게 소통하며 심리적 거리감이 가까워집니다. 지진이나 태풍, 쓰나미를 조기에 예측하여 위험으로부터 인간을 보호하고 구조 및 구출할 수 있습니다. 이처럼 이미 다양한 분야에서 AI 기술은 삶의 질 향상에 기여하면서 한발씩 현실화되고 있습니다.

‘언제 어디서나 나에게 필요한 서비스를 비서처럼 제공해주며 편리하고 똑똑한 삶을 누리게 해주는 것’, 이것이 바로 인공지능과 함께하는 미래의 모습이 될 것입니다.

03

정보통신 시장의 미래

(1) 정보통신 기술의 진화와 개요

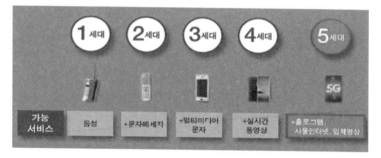

(2) 가정에서의 유선상품 인터넷 서비스 현황

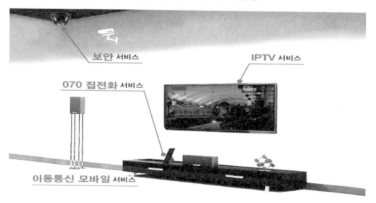

(3) AI 인공지능 시스템

인간의 학습 능력과 추론 능력, 지각 능력, 자연언어의 이해 능력 등을 컴퓨터 프로그램으로 실현한 기술로 인공지능 시스템 적용으로 부가요금 상승 기대 효과를 통해 과금 시장이 확보됩니다.

(4) 5G(5세대 이동통신)서비스의 상용화 발표

2020년이면 본격적인 5G 네트워크 시대가 열립니다.

5G 이동통신은 4G 이동통신인 LTE75Mbps보다 최소 13배1Gbps, 최대 1,300배100Gbps 빠른 기가급 무선 인터넷이 가능한 이동통신 기술을 말합니다.

5G의 속도가 4G에 비해 얼마나 더 빠를지 정확히 예단할 수 없지만, GSMA세계이동통신사업자협회는 최소 다운로드 속도를 1Gbps로 할 것을 제안하고 있습니다. 1Gbps는 1초에 대략 10억 비트의 데이터를 보낼 수 있다는 뜻입니다.

대개 5G 네트워크의 평균 속도를 10Gbps로 예상하는데, 이는 초고화질 영화 한 편을 불과 수 초 만에 다운로드할 수 있는 수준입니다.

2020년, 5G 네트워크 시대가 열리면 4G 네트워크에 맞춰 출시된 기존의 스마트폰이나 태블릿PC는 아예 5G 네트워크에 연결이 안 되거나 되더라도 적잖은 추가 요금이 발생할 수 있습니다. 그러므로 그때가 되면 대대적인 기기 교체가 이루어질 전망입니다. 다시 말해, 이동통신 네트워크 마케팅 분야에서 사상 최대의 비즈니스가 이루어진다는 것을 뜻합니다.

바로 이 기회를 잡으려면 지금부터 비즈니스 기반을 다질 필요가 있습니다. 어부가 물고기를 잘 잡는 비결은 물고기를 쫓아다니는 것이 아니라 물고기가 잘 다니는 길목에 그물을 쳐놓고 기다리는 것입니다. 비즈니스도 마찬가지입니다.

물론, 이동통신 가입 유치 사업은 지금도 만족할 만한 열매를 거두고 있지만, 5G 네드워크 시대가 열리면, 그와 동시에 지금과는 비교할 수 없는 엄청난 비즈니스 기회로 확장됩니다.

그 기회를 잡고 싶다면, 지금 준비해야 합니다.

04

무점포, 무자본으로 시작하는 이동통신 사업에 도전

이른 퇴직, 불안한 노후, 경제 불황과 실업률 증가로 우리 앞에 닥친 난관이 많습니다. 평생 직장은 요원한 꿈이고, 불안정한 삶에 대한 불안이 늘어나면서 많은 사람이 좋은 사업 기회를 찾아다닙니다.

그렇다면, 어떤 사업이 좋은 사업일까요?

첫째, 쉽게 시작할 수 있는 사업이어야 합니다.

너무 많은 준비가 필요한 사업은 선뜻 시작할 용기를 내기 어렵습니다.

둘째, 자본금이 적어야 합니다.

막대한 자금이 드는 사업은 성공하면 크게 성공하지만, 실패하면 파산의 위험을 떠안을 수밖에 없습니다.

셋째, 시대와 호흡해야 합니다.

아무리 훌륭해 보이는 사업도 시대에 걸맞지 않으면 결국 소비자에게 외면당하고 맙니다.

이동통신 사업이 황금알을 낳는 사업으로 알려진 때가 있었습니다. 1990년대 중반 통신 사업은 일대 변혁을 겪었습니다. 바로 핸드폰의 등장이었습니다. 수많은 사람이 이 놀라운 발명품에 호기심을 가지고 제각각 하나씩 구비하기 시작하면서 동네마다 수많은 이동통신사 대리점이 우후죽순 생겨났습니다. 그리고 실제로 매달 억대의 수입을 올리는 대리점이 나왔습니다.

〈이동통신 일반 대리점과 신 개념 사업의 비교〉

구 분	일반 대리점	신 개념 대리점
자본금	보증금, 임대료, 인테리어비, 직원 급여, 일반 관리비	자본, 점포 필요 없음
수입 발생	통화요금의 7~12% 지급	통화요금의 22~35% 지급
기타 수입 발생	휴대폰 판매마진 수입	각종 수당+프로모션
수익보장/약정기간	3~5년간 한시 지급	평생 지급
사업 여건	지역적인 한계가 있음	전국적임
사업 유지	가입자 해지가 많음	가입자 이동률이 낮음
시장성 및 비전	신규 가입자 포화상태(가입자 이동률 극심)	네트워크 마케팅(폭발적인 증가)

대리점은 고객이 쓰는 핸드폰 요금의 5~7%를 매달 약 5년 정도 받고, 신규 핸드폰과 액세서리 판매 마진까지 합하면 훨씬 커집니다. 사용료 일부를 매달 정기적인 수입으로 얻어가므로 같은 지점에서 같은 번호를 유지하는 고객이 많아질수록 대리점 수입도 기하급수적으로 늘어납니다. 이렇게 5년이 지나면 수수료가 본사로 귀속되는데, 방법이 없는 것은 아닙니다. 고객에게 새 핸드폰을 권하면서 신규 가입자로 만들어 다시 5년 동안 수수료를 받을 수 있습니다.

우리나라 이동통신 요금은 연간 40조 원이며, 가계 소비지출비 가운데 7.5%를 차지합니다. 거기다 신규 단말기 교체 비용 또한 천문학적인 금액으로 통신비 지출과 상관없이 최첨단 스마트폰은 끊임없이 소비를 자극하고 있습니다.

무엇보다 네트워크 마케팅을 통한 이동통신 대리점 사업은 점포가 필요 없습니다. 본인의 핸드폰 개통만으로 얼마든지 사업을 시작할 수 있다는 이점이 있습니다. 오히려 대리점과 같은 기존의 지역적 한계를 벗어나 한계 없이 안정적이고 영구적인 수입을 얻을 수 있다는 큰 장점이 있습니다.

시대의 흐름을 읽음으로써 새로운 돌파구를 찾는 사람만이 빠르게 급변하는 이 시대에서 살아남을 수 있습니다. 예전에는 꿈도 꿀 수 없었던 분야에서 돈을 벌기도 하고 그 돈을 버는 방법도 천차만

별입니다. 성공한 사람은 시대의 흐름을 읽고 새로운 돌파구를 찾아 직접 실천한 사람들입니다.

사업은 홀로 할 수 없습니다. 내가 상품을 시장에 내놓고 팔 때 그것을 도와주는 사람, 협력하는 사람, 사주는 사람이 모두 필요합니다. 사업의 절반은 훌륭한 파트너십에서 결정됩니다. 그리고 이런 파트너를 찾기는 절대 쉽지 않습니다. 여러 가지 기준점을 소신껏 세우고 철저하게 시장의 흐름을 분석하고 실행해야만 믿고 함께 갈 파트너를 찾을 수 있습니다.

가끔 우리는 사업을 시작한다면서 먼 곳만 바라봅니다. 손쉽게 할 수 있는 사람은 소홀히 하고 거창한 사업만을 꿈꿉니다. 그러나 이제는 시대를 앞서 고민하는 기업, 건실하고 투명한 기업을 찾아 동반자로 삼아야 합니다.

05

이동통신 대리점의 수익 구조

(1) 이동통신 대리점의 수익 구분

① 1차 수익 모델

A. 가입 청약 수수료: 신규 가입 유치 수수료

B. 업무 위탁 수수료: 명의 변경, 번호 변경(건당 200~800원) 업무

C. 가입자 관련 수수료: 신규 가입 후 지급

(기본요금+국내전화요금+부가서비스 사용료+부가요금) 1인 기준 8%(평균)

D. 수납 대행 수수료: 수납 금액의 1.1~2.2%

② 2차 수익 모델

단말기 판매 수입(1대 기준 시: 기기 가격의 5~7% 지급)

(2) 이동통신 대리점의 수수료 비율

(통신사별 별도 계약 기준)

★ 통화 이용요금의 7~12% 지급

(3) 지급 기간: 4~5년(통신사별 계약기간 별도 약정)

★ 기간통신사(KT, SKT, LGT)는 자사 고객 가입 유치 시 매월 관리수수료 지급

(4) 이동통신 대리점의 수수료 수익률

★ 이용자 1인 기준 이용요금 6만 원일 때(60,000원 $\times$ 7% $\times$ 1명=4,200원)

〈수익률표 예시〉

월 사용료	인원(명)	수익률(%)	수익금(원)
60,000원 기준	1	7%	4,200
	10		42,000
	100		420,000
	1,000		4,200,000
	10,000		42,000,000

※ 기존 대리점에서 보증금, 임대료, 직원 급여, 일반 관리비를 공제한 금액이 주 수입원입니다.

Part 4

5G 비즈니스
업무 매뉴얼

01

가입 실무 및 개통 업무

(1) 가입 유형과 조건

① 신규 가입
휴대폰의 사용 유무와 상관없이 새로운 번호로 개통하는 조건
(가입비와 USIM 비용이 청구됨)

② 번호 이동
사용하던 번호를 유지하면서 통신사를 변경하는 조건
(가입비와 USIM 비용이 청구됨)

③ 기기 변경
번호와 통신사를 그대로 사용하면서 휴대폰만 교체하는 조건
(가입비가 없으며 통신사의 멤버십 혜택이 유지됨)

(2) 휴대폰의 종류 구분

① 고가형
상·하반기 기준 출시되는 메인 모델 폰

② 중가형
메인 모델 출시 사이에 유통하는 폰

③ 저가형
저가 대중 폰노인 및 미성년자를 대상으로 하는 폰

(3) 이동통신사별 지원금과 혜택

① 공시지원금
통신사 가입 시 최소 가입기간을 정해놓고 기기 값의 일부를 할인받을 수 있고 24개월의 약정기간 가입 시 기기 값을 감면해주는 상품임.

② 선택약정

통신사 가입 시 최소 가입기간을 정해놓으면 요금의 일부를 할
인받을 수 있고 24개월의 약정기간으로 가입 시 요금을 감면해주
는 상품임.

(4) 개통 업무

① 신분증

② 신청서 작성방문

③ 인터넷 작성미방문**, 신분증 및 여권사진 준비**

- 신규 가입 / 번호 이동 개통 시: 개인명의 신용카드 인증, 공인인증서

  인증

- 기기 변경 개통 시: 본인 휴대폰 인증

※ 개통 실무 업무는 총괄부서에서 진행

(5) 통신비 적용 기준

① 요금제

SKT는 시장 선도 사업자로 신규요금 출시시 정부 허가를 통한

요금제 적용

KT, LGT는 SKT 요금을 기준으로 정부 고시제를 통한 요금 적용

(할인 폭이 상이함)

② 본인에게 맞는 요금제 선택 요령

이동통신 요금은 KT, LGT가 저렴한 요금제 적용

(6) 이동 고객에 대한 현황

1. 2018년 3월 25일 이동통신업계에 따르면 재난 문자를 못 받는 2G(2세대 이동통신)폰에서 LTE (롱텀에볼루션)로 교체하는 가입자가 SK텔레콤이 59만 명, LG 유플러스가 3,000명 정도의 2G 폰 이용 고객이 있다고 발표.
   (2G 이용자는 재난발송 수신이 되지 않아 LTE 폰으로 교체해야만 수신이 가능하며 정부와 통신사 는 원활한 개통 지원을 하고 있다)

2. 그 외 190만의 개통 유효 가입자가 있는 상황(신 모델 출시에 따른 구매자)

(7) 이동통신 사업에 관한 Q&A

[Q] 누구나 참여할 수 있나요?

[A] 물론입니다. 자격은 학벌이나 스펙 또는 자본이 아니라 자신의 열정과 노력입니다. 그러므로 오히려 자본이나 학벌의 장벽에 영향을 받지 않고 '평범한' 사람들이 시작할 수 있습니다.

[Q] 어떤 구조로 수익을 창출하는 비즈니스 모델입니까?

[A] 물건을 파는 네트워크 마켓, 특히 불법 피라미드에서는 업라인이 다운라인에게 물건을 떠넘기는 식으로 수익을 짜내지만, 이동통신 가입유치 사업은 누군가에게 금전적 도움을 주는 것 외에 수익을 창출하는, 전혀 다른 차원의 사업 유형입니다. 누군가를 파트너(고객)로 삼음과 동시에 서로 이득을 보는 윈-윈 모델로, 서로 유익한 정보를 공유함으로써 더 큰 성공을 이룹니다.

[Q] 빨리 시작할수록 유리합니까?

[A] 그렇습니다. 지금이 바로 블루오션의 막바지 기회입니다. 이동통신 대리점 사업은 한때 황금알을 낳는 블루오션이었지만 과열 경쟁에 따른 급격한 포화 상태로 이제 대표적인 레드오션이 되고 말았습니다. 그 자리를 이어 이동통신 네트워크 마케팅이 블루오션으로 뜬 것인데, 이것도 시간이 지날수록 경쟁이 치열해지겠지요. 사실 현대의 거의 모든 비즈니스는 10년 뒤를 내다보기가 쉽지 않습니다. 그러나 네트워크 비즈니스는 자본금이나 운영 자금이 따로 들지 않아 도산할 염려가 없습니다. 순전히 당신이 얼마나 열심히 뛰느냐에 성패가 달린 사업이지요.

[Q] 저는 형편도 어렵고 사업 경험도 없는데 잘할 수 있을까요?

[A] 사업을 하는 모든 사람의 공통된 목적은, 더 잘살아보려는 것입니다. 실제로 사업에 성공한 많은 사람이 사업을 시작하게 된 계기가 "지긋지긋한 가난을 벗어나고 싶은 간절함"이었다고 말합니다. 그럼더라도 사업 경험이 없다면 전혀 새로운 세계에 뛰어드는 것이니 두렵고 염려되는 바가 한둘이 아니겠지요. 하지만 처음부터 경험을 가지고 태어난 사람은 없습니다. 더구나 네트워크 비즈니스는 사업 경험을 그다지 필요로 하지 않습니다.

[Q] 워낙 말주변이 없는 데다가 인맥도 변변찮은데, 인간관계가 밑천이라는 이런 비즈니스를 할 수 있을까요?

[A] 염려하지 마세요. 말솜씨로 유혹하는 비즈니스가 아니니까요. 좀 어눌하더라도 사실만 전달하면 되는 일이니, 청산유수로 말만 번지르르한 것보다는 오히려 더 믿음을 주지 않을까요. 물론 말을 잘하면 좋겠지만 아무리 말을 잘하는 사람도 처음부터 그랬던 건 아닙니다. 또 인맥이 변변찮다는 것도 크게 염려할 바는 아닙니다. 이동통신 사업은 아쉬운 소리를 해야 하는 비즈니스가 아니기 때문입니다.

02

성공을 위한 완벽한 출발

쉽지는 않지만, 가능성이 있는 사업, 도전이 매력 있는 사업

- 이동통신가입자 유치 서비스

(1) 사업 시작

■ 사업 시작

1. 비즈니스에서 성공하기 위해서는 시간이 필요하다.

   6개월~1년의 계획을 세워야 한다.

2. 시간 관리와 고객 관리에 집중 투자한다.

3. 사업에 성공하기 위한 비결은 단순하다. 절대 포기하지 않는
   다면 무엇이든 얻을 수 있다.

4. 90%를 복제하라. 상식적인 원리로 초기에는 성공하지만, 시간
   이 지날수록 새로운 아이디어와 비즈니스 환경에 적응하지 못

하기 때문이다. 어려워지는 것은 자기 계발과 동기부여를 통하여 투자하라.

5. 마케팅 플랜을 가르쳐라. 사업설명회의 경험과 노하우를 습득, 반복적인 교육 실천.

참여 방법

1) 기본 사업 설명회 수강

2) 중간관리자 교육 참가

3) 세미나 및 리더 미팅 참가

6. 긍정적인 사고로 시작한다.

■ 성공 비즈니스를 위한 행동 요령

1. 칭찬과 격려: 많은 사람이 서로 격려하고 배려하고 인정하고 존중하는 것을 목격하는 데서부터 비즈니스의 이유를 찾는다.

2. 친교: 팀워크를 중시하고 상호 협조적인 시스템에 따른다.

3. 의사소통: 의문점을 남기지 말고 즉시 문의하여 사항을 점검한다.

4. 동기부여: 훌륭한 모델을 앞에 두고 모방한다.

5. 적극적인 홍보: 비즈니스 및 시스템을 홍보한다.

6. 복제: 수입이 생기는 것보다 내적 성장에 집중한다.

■ 비즈니스 성공 비결 1단계

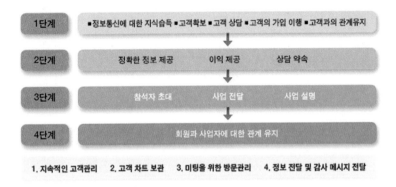

1단계	■정보통신에 대한 지식습득 ■고객확보 ■고객 상담 ■고객의 가입 이행 ■고객과의 관계유지
2단계	정확한 정보 제공 　이익 제공 　상담 약속
3단계	참석자 초대 　사업 전달 　사업 설명
4단계	회원과 사업자에 대한 관계 유지

1. 지속적인 고객관리　2. 고객 차트 보관　3. 미팅을 위한 방문관리　4. 정보 전달 및 감사 메시지 전달

(2) 사업 시작과 진행 방법

■ 사업 시작 (회원 가입)

가입자 유치 사업을 하기 위해서는 먼저 회원 가입을 하셔야
합니다.

※ 구비서류 ⇒ 등록신청서 1부, 예금통장 사본 1통(보너스 수령 시 사용),
　　　　　　신분증 사본

■ 사업 진행 방법

이 사업에서 성공하기 위해서는 확고한 목적의식을 가지고 성공
시스템을 그대로 모방하시면 됩니다.

1. 현재 사용 중인 휴대폰을 010 번호로 전환하여 이용.
  _ 자세한 사항은 사업을 전달한 스폰서후원자 및 리더 사용자에
    게 문의
2. 시스템을 배우십시오
  _ 내 사업이라는 확신을 가져야 합니다.

> ▶ **교육을 통한 배움: 회사가 주최하는 각종 세미나, 랠리, 펑션 등**
>
> ▶ **도서·기타 자료를 통한 배움**
>
> ▶ **스폰서(후원자)와 상담, 교육을 통한 배움**

3. 소개하십시오.

> ▶ **사업(마케팅 플랜) 소개**

■ **시스템 복제의 중요성**

1. 업라인 스폰서와 당신이 똑같은 방법으로 진행하며 아주 단순하지만 성실하고 정직하게 행하여만 합니다. 신뢰와 우정이 이 사업의 원동력이기 때문입니다.

2. 예를 들어, 사업자 5명을 후원하고 또 그 사람에게 똑같은 방법으로 5명씩 후원하도록 복제하고 그 밑으로 같은 방법으로 계속적인 복제가 되게 한다면 1개월 후에는 당신의 다운 파트너가 780명이라는 엄청난 그룹을 이끄는 사업자가 될 수 있으며, 현재 사용 중인 휴대폰 요금을 월 5만 원이라 가정한다면 한 달에 3,120만 원

의 매출이 발생합니다.

3. 하지만, 당신 혼자서 이 엄청난 일을 할 수 없습니다. 중요한 것은 당신의 다운 파트너들이 당신과 똑같이 계속적으로 복제가 될 수 있게 하는 것입니다. 이 사업은 복제에 의한 시간 축적 사업이기 때문입니다. 모든 시스템을 복제하게 하십시오. 그러면 성공할 수 있습니다. 만약, 당신을 따라하기가 너무 어렵고 복잡하다면 계속적인 수입은 일어나지 않을 것입니다.

4. 걱정하지 마십시오. 이 사업에서 제공되는 시스템이 모든 일을 지속적으로 복제할 수 있도록 도와드립니다.

■ **복제 가능한 시스템**성공 플랜

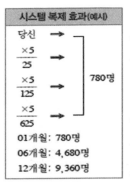

당신의 다운 파트너들이 똑같이 복제해야 할 일이 있습니다. 이 조건을 실행한다면 당신은 성공하실 수 있습니다.

1. 책 읽기: 매일 30분 정도 독서를 하십시오. 정보통신의 전문 지식과 마케팅 전문서적 및 긍정적 사고 등에 관한 도서를 스폰서로부터 추천받습니다.

2. 사업자가 추천하는 교육, 세미나에 참가하십시오.

3. 매월 최소 15회 이상 사업 설명STP: Show The Plan을 하십시오.

(3) 예비 사업자 명단 리스트

No	성명	연락처	No	성명	연락처
1			31		
2			32		
3			33		
4			34		
5			35		
6			36		
7			37		
8			38		
9			39		
10			40		
11			41		
12			42		
13			43		
14			44		
15			45		
16			46		
17			47		
18			48		
19			49		
20			50		
21			51		
22			52		
23			53		
24			54		
25			55		
26			56		
27			57		
28			58		
29			59		
30			60		

명단을 작성하여 예비 사업자 리스트를 작성하여 봅시다.

지금 시작해도 늦지 않습니다

여러분, 로또에 당첨될 수 있는 가장 중요한 조건이 뭔지 아십니까?

돼지꿈을 꾸는 것이라고요? 천만에요. 기존의 당첨된 번호들을 분석하는 것이라고요?

그것도 땡~입니다. 그럼 대체 뭐냐고요?

바로 복권을 사서 주머니에 넣는 일입니다. 아무리 찬란한 황금 돼지 꿈을 꾼들 복권을 사지 않고서는 당첨될 리 없겠지요.

인생에서 모든 일이 이와 같습니다. 뭐라도 하고 있어야 행운도 찾아오는 법입니다. 아니, 찾아오는 행운을 잡을 수 있습니다.

평창 동계 올림픽에서 우리에게 진한 감동을 선사한 여자 컬링 팀을 보세요.

지방의 외진 소도시, 척박한 조건에서 아무도 알아주지 않던 스포츠인 컬링을 10년간이나 해오면서 얼마나 많은 실패를 겪었을지 가늠하기조차 어렵습니다. 그러나 그런 숱한 실패가 있었기에 오늘날의 찬란한 성공을 이루지 않았겠어요.

10년 전, 당장 보기에는 쓸데없는 일을 하는 것처럼 보였겠지만, 사실 그들은 블루오션을 붙들고 파고든 겁니다. 블루오션이 특별한 게 아닙니다. 다른 사람들이 잘 가지 않은 길이 바로 블루오션입니다.

비즈니스는 더욱더 그렇습니다. 다른 사람들이 잘 모르거나 관심을 두지 않는 일에 비즈니스의 블루오션이 숨어 있게 마련입니다. 이동통신 가입유치 사업도 바로 그런 일에 해당합니다. 이동통신에 그런 황금을 캐는 광맥이 숨어 있었다니, 낯설어하고 어리둥절해하실 분도 있겠지만 이미 적잖은 분들이 황금을 캐고 있습니다.

여러분, 기회가 왔을 때 실패가 두려워 망설인다면 여러분은 평생 아무것도 할 수 없을 것입니다. 실패라는 과정을 거쳐야 성공도 있는 법입니다.

지금 시작하세요.

4차 산업혁명 시대에 돈을 버는

5G 비즈니스

초판 1쇄 인쇄 2020년 02월 20일
1쇄 발행 2020년 03월 03일

지은이	최병진 · 김수광 감수
발행인	이용길
발행처	모아북스 MOABOOKS

관리	양성인
디자인	이룸

출판등록번호	제 10-1857호
등록일자	1999. 11. 15
등록된 곳	경기도 고양시 일산동구 호수로(백석동) 358-25 동문타워 2차 519호
대표 전화	0505-627-9784
팩스	031-902-5236
홈페이지	www.moabooks.com
이메일	moabooks@hanmail.net
ISBN	979-11-5849-126-0 03320

이 도서의 국립중앙도서관 출판예정도서목록(CIP)은 서지정보유통지원시스템 홈페이지
(http://seoji.nl.go.kr)와 국가자료종합목록 구축시스템(http://kolis-net.nl.go.kr)에서 이용하
실 수 있습니다. (CIP제어번호 : CIP2020007132)

모아북스 MOABOOKS 는 독자 여러분의 다양한 원고를 기다리고 있습니다.
(보내실 곳 : moabooks@hanmail.net)

삶을 업그레이드하는 더 나은 삶 — 모아북스의 자기계발 · 동기부여 도서

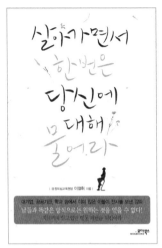

살아가면서 한 번은
당신에 대해 물어라
이철휘 지음
256쪽 | 14,000원

감사, 감사의 습관이
기적을 만든다
정상교 지음
242쪽 | 13,000원

다섯 친구
다이애나 홍 지음
264쪽 | 13,000원

어떻게 삶을 주도할 것인가
이훈 지음
276쪽 | 15,000원

삶을 업그레이드하는 더 나은 삶 — **모아북스의 경제 · 경영 · 인문 · 독서 · 도서**

성장을 주도하는
10가지 리더십
안희만 지음
272쪽 l 15,000원

4차 산업혁명의 패러다임
장성철 지음
246쪽 l 15,000원

백년기업 성장의 비결
문승렬 · 장제훈 지음
268쪽 l 15,000원

드림빌더
김종규 지음
272쪽 l 13,000원